花や実を　育てる 飾る 食べる

植物と暮らす 12ヵ月の 楽しみ方

ガーデンストーリー

KADOKAWA

はじめに

植物を育て始めると、明日が楽しみになります。
芽吹きやふくらむつぼみにワクワクし、
花の美しさや香りに癒やされ、
実りは充実感と達成感をあなたに与えてくれるでしょう。

植物を育てるということは、
自分の指で明日の楽しみを作り出すことです。
この本には、植物の育て方と植物を暮らしのなかで楽しむ
32のアイデアが紹介されています。
毎月一つずつでもチャレンジすれば、
巡る季節が宝物のように思えるでしょう。

未来のあなたを楽しませるために、
さあ、ページを開いてガーデニングを始めましょう。

GARDEN
STORY

写真・執筆・編集

株式会社3and garden

制作

ガーデンストーリー編集部
　倉重香理
　鶴岡思帆
　原由子
　岡本晴雄
　元戎あずみ
　髙橋翠

デザイン

十河岳男

ガーデンフラワー監修

二宮孝嗣（造園芸家）

校正

竹内直美

写真・執筆

安酸友昭　（P.12-15, 40-41, 64-67, 104-105, 112-113）
面谷ひとみ　（P.12-15, 30-33, 64-67, 104-105, 112-113, 130-131）
海野美規　（P.16-17, 114-115, 140-141）
本間のぞみ　（P.18-19, 94-95）
岡崎英生　（P.26-27, 52-53, 82-83）
ルーシー恩田　（P.28-29）
永嶋節子　（P.42-43）
前田満見　（P.44-45, 60, 68-69, 98, 119, 132-133）
堀久恵　（P.54-55, 89）
元木はるみ　（P.106-107）
橋本景子　（P.122-123）
遠藤昭　（P.138-139）

写真

Friedrich Strauss　（P.6-7, 20-21, 34-35, 46-47, 58-59,
84-85, 96-97, 108-109, 116-117, 124-125, 134-135）
竹田正道　（P.57）
Clive Nichols　（P.72-73）
桜野良充　（P.100）

Lilac Mountain (P.9), alvintus, goodmoments, Quang Ho (P.24-25),
OlgaSam, ChiccoDodiFC, Skyprayer2005 (P.26-27), Shulevskyy Volodymyr,
OlgaPonomarenko,aniana (P.38-39), Natalia van D, HHelene, nstey33, Lesya Dolyuk
(P.50-51), Only Fabrizio, photoPOU (P.52-53), Lomdet.P (P.57), perlphoto, Keikona,
shihina (P.60-61), Evgenyrychko, panattar (P.62), cpreiser000, wk1003mike (P.71),
Obraz, Nataliia Melnychuk, Mariola Anna S (P.74-75), from my point of view (P.78),
Josie Grant, Fortunato Violi (P.83), Richard Semik, Crepesoles (P.90-91),
naturaegeek (P.93), Valentyn Volkov, Nattika, Tiffany Bell (P.94-95), seramo (P.98),
Ludmila Kapustkina (P.111), Kristi Blokhin (P.119), coloursinmylife, Belle NL,
KateChris, Peter Turner Photography, Flower_Garden (P.121), Gayane (P.137),
Fusionstudio (P.139)/Shutterstock.com

協力

株式会社タカショー
リフォームガーデンクラブ
一般社団法人日本ガーデンセラピー協会
河合伸志
岡井路子
萩尾昌美

左写真　海野美規
ユキヤナギの春色テーブルリース（P.140-141）より

目次

〈12カ月のガーデンフラワー〉

街中＆公園でよく見かける花や、庭作りをする人に愛されている代表的な草花をピックアップしました。

＊本書では、関東地方以西を基準に解説しています。

〈12カ月の庭仕事〉

生き物相手のガーデニングは、タイミングが肝心です。苗を買うにも種を播くにも、また植え付けるにも収穫するにも、適した時期を知るのが成功への第一歩。

〈登場する植物〉
【一年草】寿命が1年以内の草花。主に春〜夏に咲くものと秋〜冬に咲くものがあります。
【二年草】1年目は花を咲かせず株が育ち、2年目に花が咲いて寿命が終わるもの。
【多年草】何年も生きる草花。常緑性と落葉性があります。本書では常緑性を多年草、落葉性を宿根草とします。
【宿根草】多年草のなかでも、休眠前に地上部の葉がなくなり、生育期になると再び芽を吹くもの。
【球　根】多年草のなかでも、根や茎、葉などが肥大化し、養分を蓄える塊を地中に持つもの。
【樹　木】花が咲く花木や、実がなる果樹、庭木など。常緑樹、半常緑樹、落葉樹があります。

4月

APRIL

柔らかな春の日差しを浴びて、ブリキ桶の
クラブアップルがピンクの枝を広げ、ビオ
ラ、ハーブの花々も満開を迎えています。

4月のガーデンフラワー

庭植え

■ **サクラ**
花期：3～4月　落葉中高木
バラ科サクラ属

庭植え＆鉢植え

■ **スカビオサ**
花期：4～6月、9～10月　一年草、二年草、多年草
スイカズラ科マツムシソウ（スカビオサ）属

庭植え

■ **コデマリ**
花期：4～5月　落葉低木
バラ科シモツケ属

庭植え＆鉢植え

■ **ボタン**
花期：4～5月　落葉低木
ボタン科ボタン属

庭植え＆鉢植え

■ チューリップ

花期：3〜5月　多年草(球根)

ユリ科チューリップ属

庭植え＆鉢植え

■ ハナニラ

花期：3〜4月　多年草(球根)

ネギ科ハナニラ(イフェイオン)属

庭植え＆鉢植え

■ アネモネ

花期：2〜5月　多年草(球根)

キンポウゲ科イチリンソウ属

庭植え＆鉢植え

■ ネモフィラ

花期：4〜5月　一年草

ムラサキ科ルリカラクサ(ネモフィラ)属

庭植え

■ モッコウバラ

花期：4〜5月　半常緑つる植物

バラ科バラ属

庭植え

■ ハナズオウ

花期：4月　落葉低木

ジャケツイバラ科ハナズオウ属

庭植え

■ ハナミズキ

花期：4〜5月　落葉中高木

ミズキ科サンシュユ(ヤマボウシ)属

庭植え

■ ライラック

花期：4〜5月　落葉中木

モクセイ科ハシドイ属

庭植え

■ トキワマンサク

花期：4〜5月　常緑低中木

マンサク科トキワマンサク属

ガーデンフラワー

4月の庭仕事

色とりどりの花々が咲き始め、多くの植物が勢いよく新芽を吹く4月。植物のエネルギーを感じるこの時期は、美しい開花を楽しみながら、やっておきたい作業があります。暖かな日差しを味方に、ガーデニングに励みましょう。

a. 雑草取りは出始めが肝心
b. 花殻を摘む
c. 鉢植えの水やりを忘れずに
d. 春植え球根の植え時
e. 花苗を購入
f. 夏の一年草の種まき
g. 夏野菜の種まき&植え付け

a.

雑草取りは出始めが肝心

庭では、あらゆる植物が新葉を展開し始めます。雑草もどんどん出てきますが、この時期にできるだけ抜いておくと、夏の手入れがずっと楽に。成長して種がこぼれると、雑草取りの無限ループが始まってしまいます。小さいうちは抜きやすく、労力もかかりません。雨の翌日は、土が柔らかく狙い目ですよ。

b.

花殻を摘む

花殻（はながら）とは、咲き終わってしおれた花のこと。「花殻摘み」は株姿を単にきれいに見せるだけでなく、観賞期間を長く保つという効果があります。花は咲いた後、種をつけます。そして種をつけると、次世代に命をつなぐという大命題を全うし、それ以上花を咲かせなくなってしまうのです。「種（しゅ）の保存、完了」というわけですね。ですから花殻をこまめに摘んで、種をつけさせないようにすると、植物は「種の保存、未完了」と思って、せっせと花を咲かせ続けるのです。なんだかかわいそうな気もしますが、その分可愛がってあげましょう。花を長くきれいに楽しむためのガーデニングテクニック「花殻摘み」、習慣にしてしまうといいですよ。

花殻摘みは単純作業ながら、花のひんやりとした触感やほんのり青い香りが心地よく、意外とリフレッシュできるものです（写真上）。少々放置した花殻は、先端がぷっくりふくれています。中には小さなツブツブが。まだ青い未熟な種です（写真右）。取らずに放っておくと、熟して地面に落ち、条件が整えば発芽しますが、園芸品種は「親」と同じ花を咲かせることはあまりありません。

c.

鉢植えの水やりを忘れずに

急激に気温が上がり、25℃を超える夏日も度々です。この時期の植物は生育旺盛で、水をぐんぐん吸い上げます。うっかり2〜3日水やりしないと、鉢植えは水切れで弱ってしまいます。一度か二度なら「腰水」という応急処置で救えますが、度重なると枯れてしまうので気をつけましょう。腰水の方法は、水を張った容器に鉢を1/3〜半分ほど浸して、底面からたっぷり水を吸わせます。ダランとしていた枝や茎が復活したらOKです。

d.

春植え球根の植え時

春の庭は美しいのに、夏は見る影もない…というケースはよくあるものですが、今、春植え球根を仕込んでおけば、そんな残念パターンから抜け出せます。写真のグラジオラスをはじめ、グロリオサ、カラー、ネリネ、カンナ、クルクマなどがおすすめです。

e.

花苗を購入

園芸店やナーセリーに多くの花苗が並んでいます。人気品種や希少品種は"sold out"になる前に、早めに入手を。ただし、事前に植え場所の準備をしておきましょう。買ってきたポットのまま置いておくと、この季節は意外と気温が高く、苗が弱ってしまいます。スペースが分かっていれば、衝動買いにも抑えが効きます。

f.

夏の一年草の種まき

夏の花壇を彩るジニアやマリーゴールド、アスター、アゲラタムは20℃前後の気温で発芽します。種から育てれば、苗もたくさんできて経済的ですし、愛着もひとしおです。

g.

夏野菜の種まき&植え付け

トマトやナス、キュウリなどの夏野菜の種を播きましょう。近年は季節の進みが早いので、平地なら苗を定植してもよいでしょう。

<育てる〉 ミニバラ、スーパーチュニア、ロベリアなど

寄せ植えで季節の花を咲かせよう

寄せ植えは、何種類かの草花を一つの鉢の中に植え付ける基本のガーデニングです。庭がなくても一鉢あれば、春夏秋冬と四季の彩りを豊かに楽しむことができます。

4月は春から初夏に咲く草花を集めた寄せ植えを作って、花が身近に咲く暮らしををスタートしましょう。植え付けや植え替えの手順(P.14〜15)でコツをつかんで、我が家流の花が咲く一角作りに挑戦してください。

春〜夏

ピンクの花をメインに、小花でふんわりとまとめたロマンチックな寄せ植え。ミニバラとクレマチスは花期が限られますが、ほかの花は夏中ずっとこんもり咲いてくれます。

ミニバラ、クレマチス、スーパーチュニア、ユーフォルビア'ダイヤモンドフロスト'、クレオメ、ゼラニウムなど。

晩夏〜秋

コスモスやスカビオサは茎が細く、風に揺れる風情が季節感を醸し出してくれます。あえて不揃いな丈や少し乱れた草姿の苗を組み合わせると、秋の野原のようなナチュラルな雰囲気を演出することができます。

コスモス、スカビオサ、サルビア、タイムなど。

晩秋〜冬

寒い時期は明るい日だまりのような花色で、気持ちを明るく温かに。黄色のビデンスはウィンターコスモスとも呼ばれ、冬中元気に咲きます。

ウィンターコスモス、宿根バーベナ・テネラ'オーレア'、ラベンダー'メルロー'、斑入りキャットテールなど。

冬〜早春

こんもり茂ったビオラは冬から春まで何カ月も咲いてくれる花期の長い花です。ビオラの茂みからツンと緑色の葉っぱをのぞかせているのはチューリップ。植え込む時に先に球根を置き、その隙間にほかの花苗を植えます。

ビオラ、フォックスリータイム、オレガノ、チューリップなど。

夏の寄せ植えはP.64〜67、冬の寄せ植えはP.112〜113参照。

寄せ植えの基本

容器

容器は、底に穴があいているテラコッタ、プラスチック、陶器などの植木鉢やプランターを使います。植木鉢のサイズは基本的に「号」で表します。1号は直径約3cmで、1号数字が上がるごとに「×3」の直径になると覚えておきましょう。容器が小さければ小さいほど水が切れるのが早いので、初心者は8号鉢（直径24cm）くらいから始めるのがおすすめです。

土

寄せ植えに使う土は、水はけと水もち（保水性）がよい市販の園芸用の培養土か、「赤玉土7割+腐葉土3割+元肥（肥料）」がおすすめ。水はけと水もちは一見、相反するようですが、培養土は複数の素材を組み合わせて、どちらにも適応するように、ベストブレンドされています。

鉢底石

鉢底穴から土がこぼれないように、また排水性や通気性を保つように、鉢底に軽石などを入れます。この鉢底石はあらかじめネットに入れておくと、用土と混ざってしまうことがなく、植え替えの際に土ふるいにかけずに簡単に取り除くことができて便利です。

道具

用土を容器に入れるためにシャベルや土入れを、水やりのためにジョウロや散水ホースを用意しましょう。土ふるいや、ガーデン用のナイフ、手袋、エプロンのほか、ベランダなら養生シートがあると床が汚れずにすみます。気に入ったものを見つけたら買い足すとよいでしょう。

After

Before

花はまだ咲いていますが、徒長して寄せ植えの形が崩れかけています。夏に向けて涼しげな雰囲気になるよう、ブルー系の花を組み合わせてリフレッシュさせます。植え込み直後から植物が馴染んで見えるよう、苗は多めに用意しましょう。

早春に植えたビオラとアネモネの寄せ植え。

4月は、寄せ植えの植物の入れ替え時期です。ビオラなど春の花はまだ咲いていたとしても、ひょろひょろと間伸び（徒長）し始めて、全体の形が崩れてきていませんか？ 夏の花に入れ替えるには、土の更新や苗の配置、水やりなど、コツを押さえて作業しましょう。初めて植え付ける場合は、まず鉢底石を敷き詰めて、下記の②からスタートします。

❶ 植物を抜く

ガーデンフォークを使って、根が張っている植物を起こしていきます。根に付いている土はフォークでたたいて落とします。その際、土の中に残った根も取り除きます。この作業で土もほぐれ、空気が入ってふわっとします。

> **土の状態をチェックしよう**　引き抜いた植物は、捨てる前に様子を確認すること。葉がこんもり茂っているのに根がなかったり極端に少ない場合は、土の中にコガネムシの幼虫がいる可能性が。もし幼虫を発見したら取り除き、土を全量、またはできる限り入れ替えます。入れ替えできない場合は、ていねいに幼虫を取り除きましょう。最後に、土の中に粒状の殺虫剤を適量すき込みます。

❷ 肥料を入れる

植物を抜いたら少し土を入れ替え、有機肥料を適量まいてシャベルで攪拌を。初めて植え付ける場合は、容器の半分まで土を入れ、有機肥料を加え攪拌します。

❸ 土を足す

さらに、新しい土をプランターの4/5程度まで入れます。新しい土を加えると、前シーズンで失われた肥料分が補給されて、またよく育つようになります。

❹ 主役の植物を置く

メインになる苗（ここではブルーのロベリアと穂状花のベロニカ）を仮置きします。同じ植物が直線上に並ばないように、調整しながらジグザグに置きます。

❺ つなぎの植物を置く

ロベリアとベロニカの隙間に、1つ目のつなぎの植物となるラベンダー、タマシャジンを置きます。ここでも直線上に並ばないように注意。「つなぎの植物」というのは、ちょうどバラのブーケにカスミソウが入って、全体がふんわりまとまるようなイメージです。主役となるハッキリした色・形の植物の間にチラチラとした小花を入れると、空間が自然につながって、調和が生まれます。さらに2つ目のつなぎの植物、オンファロデス（草丈の高い白い花）を隙間に入れます。この段階では仮置きなので、狭くて苦しそうな場所は、隣の苗を動かして調整しながら並べていきます。

❻ 植え付ける

位置が決まったら、苗の株元を持ってポットから抜きます。根が詰まっていなければ、ほぐさなくてOK。隙間に入れる苗は隣の植物を手の甲で押さえながら植えます。

❼ 植え付け完了

奥に草丈が高い白花のオンファロデスやラベンダー、中間にベロニカやオダマキ、タマシャジン、手前にバコパを植えました。立体感のある寄せ植えの完成です。

❽ 植物に近い場所から水やり

ホースで水やりをする場合、いきなり水をかけてはいけません。というのも、季節によっては、ホース内に残っていた水が日光で温められて、熱いお湯に変わっていることがあるから。しばらく水を出して水温を確かめ、水が柔らかく当たるよう散水ノズルをシャワーにし、水量を調整します。水の勢いが強いと表土に穴があき、植物の根が露出してしまいます。苗と土が密着するように株元に水をまきましょう。

❾ 高い場所から水やり

少し高いところから、苗についた土を洗い流していきます。植え込み作業中は注意していても、植物の葉などが土で汚れています。特にペチュニアなど、葉が毛羽立っているものは土がつきやすいので、優しい雨のように上から洗い流します。植物に近づけすぎないことが大事です。

❿ 活力剤をまいて作業完了

最後に、活力剤を規定量水に溶かし、ジョウロでまんべんなくまいて作業完了。活力剤には植え込んだばかりの根の生育を助ける働きがあります。

> **植え込み後の管理** 表土が乾いたら2〜3日に1回、鉢底から流れ出るまで水やりし、都度、花殻を摘みます。水やりの際、時々液肥を混ぜると花もちがよくなります。生育すると植物同士が絡んで、さらに馴染み、ナチュラルな雰囲気になります。

〈飾る〉 ムスカリ、ビオラ、クリスマスローズなど

モーブ色のイースターアレンジ

　イースターは春がやってきた嬉しさと、キリストの復活とを重ねて祝う、光いっぱい喜びいっぱいの明るいお祭りです。卵は生命を象徴し、殻を美しく色づけしたイースターエッグは、このイベントに欠かせません。

　ここでは春先に咲くビオラやムスカリなど、モーブ色の花に合わせて殻を染め、花器として使います。シックで大人っぽいイースターアレンジで、春をお祝いしませんか。

卵の殻を花の器に使います。

イースターアレンジの作り方

花材／サルビア・ホルミナム、アゲラタム、ムスカリ、ビオラ、ルピナス、
　　　クリスマスローズ、ラナンキュラス、ルッコラ、山苔
材料／卵、食用色粉、酢、小石、ワイヤー、エッグスタンド

お湯に色粉と酢少々を混ぜて染色液を作り、そこに卵の殻を浸します。卵全体が液につかる容器がない場合は、液を回しかけながら、ムラにならないように染めましょう。

❶ 卵の中身を取り出し、殻を食用色粉で染めます。

❷ エッグスタンドにワイヤーで山苔を巻き付け、卵をセットします。

❸ 卵を安定させるためと、花留めとして、卵の中に小石を入れます。

毎年日付が変わるイースター

イースターは「春分の日の後の、最初の満月の次の日曜日」で、毎年日付が変動します。欧米では多くの場合、イースターの2日前の金曜日グッドフライデーからイースター翌日の月曜日イースターマンデーまでの4日間がイースター休暇となります。

❹ 卵に水を入れ、茎を短めに切った花をバランスよく挿しましょう。

春の庭に咲く身近な花を可愛くアレンジ

フラワー&フォトスタイリストの海野美規さんは、庭に咲く身近な花を使ったフラワーアレンジを提案しています。「花屋さんのものとは違い、庭の花は茎が短かったり曲がっていたりしますが、それがかえって個性を生みます。イースターの時期に咲く花は草丈が低いものが多いので、愛らしくアレンジする方法として卵の花器を思いつきました。花束にしなくていいので、誰にでも簡単にできますよ」

八重桜の塩漬けとアレンジレシピ

春の花といえば、桜。最も有名なのはソメイヨシノですが、庭で育てるなら八重桜もおすすめです。花びらが幾重にも重なってフワフワと華やかなうえ、その愛らしい花は塩漬けにしてお茶にお菓子にと、美味しくいただけます。

八重桜はソメイヨシノが散り始める頃に遅れて咲き出します。塩漬けにするには、満開になる少し手前の五分咲きくらいで摘むのがベスト。桜湯にしたとき、湯のみの中で、ちょうど桜が咲いたように、上品に開いてくれます。

八重桜の塩漬けの作り方

材料／八重桜の花100g（直径20cmくらいのザルに1杯分くらい）、塩25〜30g（花の重さの25〜30%）、
白梅酢1/3カップ（約67㎖）、仕上げ用の塩適量

❶ 八重桜は数輪が房になって咲いているので、房ごと摘み、房の根元についている茶色の部分を取り除きます。
❷ 水を張ったボウルに花を入れ、やさしく洗ってざるにあげ、水を切ります。
❸ ガラスかホウロウのバット（またはボウル）に入れ塩をまぶし、重しをします。
❹ 2〜3日すると水が上がってきます。
❺ 重しを外し、花を取り出し軽く絞って水気を切ります。
　上がった水は捨てます。
❻ 花をガラスかホウロウのバット（またはボウル）に入れ、
　白梅酢を入れ浮かないように重しをします。
❼ 1週間ほどしたら、花を取り出し軽く絞って水気を切り、
　ざるに広げて半日ほど陰干しします。
❽ 仕上げ用の塩をまぶしながら花をほぐし、瓶に入れ保存します。

アレンジレシピ

桜湯

八重桜の塩漬けを1〜2輪ほど湯のみに落として、静か
にお湯を注ぎます。優しい香りと塩気が美味しい桜湯
に。飾りに使うときは、一度水にさらして塩抜きし、クッ
キングペーパーなどで水気をよく取りましょう。

桜おにぎり

お茶碗1杯分のご飯に対して塩抜き
した八重桜の塩漬け4輪くらいを刻
んで混ぜ、おにぎりに。てっぺんに1
輪飾ると、お花見弁当にもぴったり。

子どもの幸せを祈る母の思いが込められた八重桜の塩漬け

桜の季節。淡いピンクの花景色に、大切な思い
出をもつ人も少なくないでしょう。会津郷土料理
研究家の本間のぞみさんの場合、それは故郷会
津の実家の庭に咲いていた八重桜。「その木は
私の誕生記念として植えられたもので、母は花
が咲くと毎年摘んでは塩漬けにして、お正月や
ひな祭りなど、お祝いのたびに桜湯にして出して
くれました。そして、私の結婚式の日にも、自作
の八重桜の塩漬けをタッパーに入れて持参し、

これから家族になる主人の両親や親戚の方々
へ、控え室で桜湯を淹れてくれました。私はい
つも何気なくその桜湯を飲んできましたが、自
分が2人の娘の親になった今、その味がとても
尊く感じられます。母の何気ないお勝手仕事の
なかには、子どもの幸せを祈る思いがいつも込
められていたのだということが、今は分かるから
です。今でも母は東京に暮らす私のもとへ、八
重桜の塩漬けを毎年送ってくれます」

食べる

MAY

5月

庭が一番華やぐ5月には、バラやアルケミ
ラ・モリスなどを集めて小さな花束に。テー
ブルに飾って、ガーデンパーティーの始まり！

5月のガーデンフラワー

庭植え＆鉢植え

■ バラ

花期：5〜6月、9〜10月（品種による）

落葉低木、落葉つる植物　バラ科バラ属

庭植え＆鉢植え

■ ゲラニウム

花期：4〜6月　多年草

フウロソウ科フウロソウ属

庭植え＆鉢植え

■ ハゴロモジャスミン

花期：4〜5月　半常緑つる植物

モクセイ科ソケイ属

庭植え＆鉢植え

■ ジギタリス

花期：5〜6月　二年草

オオバコ科キツネノテブクロ（ジギタリス）属

庭植え

■ キングサリ

花期：5月　落葉中高木
マメ科キングサリ属

庭植え&鉢植え

■ ラナンキュラス・ラックス

花期：4〜5月　多年草（球根）
キンポウゲ科キンポウゲ（ラナンキュラス）属

庭植え&鉢植え

■ ティアレラ

花期：5〜6月　多年草
ユキノシタ科ティアレラ属（ズダヤクシュ属）

庭植え

■ シモツケ

花期：5〜6月　落葉低木
バラ科シモツケ属

庭植え&鉢植え

■ デルフィニウム

花期：5〜6月　一年草
キンポウゲ科オオヒエンソウ（デルフィニウム）属

庭植え&鉢植え

■ オルレア

花期：5月　一年草
セリ科オルレア属

庭植え

■ ジューンベリー

花期：4〜5月　落葉中低木
バラ科ザイフリボク属

庭植え&鉢植え

■ クレマチス

花期：4〜10月（品種による）　落葉つる植物
キンポウゲ科センニンソウ（クレマチス）属

庭植え

■ ルピナス

花期：4〜6月　一年草、多年草
マメ科ハウチワマメ（ルピナス）属

5月の庭仕事

　風薫る5月。ガーデニングが最も楽しい季節がやってきました。バラやクレマチスが花開き、すくすくと成長する植物たちに目を奪われる毎日です。一方、夏の収穫に向けて、家庭菜園の準備も忘れてはなりません。さあ、陽光を浴びながら、今月の庭仕事を始めましょう！

a. 紫外線対策をして作業を
b. 野菜の苗の定植
c. 一年草の種も播き時
d. 種まきは少しずつずらして
e. 花後の球根類の手入れと管理

a.

紫外線対策をして作業を

これからの季節は紫外線が強くなってきます。ガーデニングをする時は、日焼け止めを塗る、帽子をかぶるなどUV対策を忘れずに。ちょっと水やり、と思って外へ出たら、あれこれ目について、いつの間にか本格的に庭仕事を始めていた…ということも。ガーデニングセットとしてひとまとめにしておくとよいでしょう。

b.

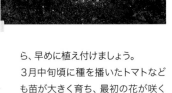

野菜の苗の定植

5月はトマト、ナス、キュウリ、ズッキーニ、ゴーヤをはじめ、いろいろな野菜の苗の定植の時期です。ホームセンターや園芸店で苗を入手したら、早めに植え付けましょう。

　3月中旬頃に種を播いたトマトなども苗が大きく育ち、最初の花が咲く頃。そろそろ定植の時期です。

定植前の準備

定植する約3週間前に、植え付ける場所をよく耕し、土壌の酸性を中和する苦土石灰と完熟堆肥を散布しておきます。油粕や魚粉などの有機肥料を混ぜ込んでおくのもよいでしょう。堆肥や肥料分が土に馴染んだ頃に定植すると、苗がよく生育します。

植え付け前に植え穴に水を注ぎます。

水やり

植え穴を掘り、水を注いでから苗を定植します。さらに株元に土を寄せて土手を作り、水が逃げないようにしてから水をやります。その後、地植えは自然の降雨に任せますが、乾燥が続く時は水やりを。プランターは表土の渇きを目安に定期的に。

土を寄せて土手を作ると水が逃げません。

水で育つナス、乾燥を好むトマト

乾燥がひどく葉がダランと下がってしまう場合は水やりしましょう。特に、ナスは「水で育つ」ともいわれるほど水を好み、水切れすると果肉が硬くなり、食味が悪くなります。水やりは、早朝か夕方の涼しい時間に。

一方、トマトは乾燥気味に育てたほうが味が濃く美味しくなります。プランターで育てる場合も、表土がしっかり乾いてから水を与えましょう。

c.

一年草の種も播き時

5月になったら一年草の種を播きましょう。アサガオの種は硬いので、一晩水につけてから播くと、よく発芽します。そのほか、インパチェンス、ペチュニア、ジニア、ナスタチウム、ニゲラ、マリーゴールドなども、今月下旬までには播いておきましょう。いずれも夏の庭を美しく彩ってくれる花々です。

d.

種まきは少しずつずらして

ホウレンソウやコマツナなどの葉物野菜やバジル、パクチー、シソなどのハーブ類も種の播き時です。苗を買って育てるより経済的ですが、一度に種袋の中身を全部播くと、大量に実り、家庭の食卓では消費するのに困ります。種まきは1週間ほどずらし、少量ずつ播いて少しずつ収穫できるようにしましょう。

e.

花後の球根類の手入れと管理

春に咲いた球根類は、花後のこの季節に翌年の開花のための栄養を蓄えます。花殻を取り除いた後は、カリ成分の多い肥料を与えましょう。葉は光合成を続けているので、自然に黄色くなるまで切ってはいけません。麻紐などで葉をまとめたり、ガーデンの景観の邪魔にならないように、大きく葉を広げる宿根草で球根の葉を隠したりして休眠期を待ちます。休眠期に入ったら葉を切り、植えっぱなしにできないものは掘り上げ、来年のために保管します。

種まきの4つのコツ

いつ播けばいいの?

花の種を播くのに適している季節は、多くは春と秋の年2回。春は3月中旬頃からが播き時となります。発芽に必要な温度は、通常、15〜20℃。種類によっては、もっと高い25℃前後を必要とするものもあります。発芽適温は種袋の裏面に必ず書いてありますので、その説明をよく読むようにしましょう。

どんなふうに播くの?

❶ 苗床にたっぷりと水をやり、用土を十分に湿らせます。
❷ 指でつまめる大きさの種は、一つのポットに2〜3粒ずつ播き、種を指で用土に押しつけ、しっかり密着させます。
❸ 細かい種は用土を入れたトレイにばらまきし、種を用土に押しつけ、しっかりと密着させます。

どんな用土に播けばいいの?

市販の種まき専用土を使います。ただし、安価なものは避けましょう。また、種まき用グッズは園芸店などで各種販売されています。大きめの種に適しているのは、小さなポット型の製品。土に還る素材でできており、発芽後、植え替えなしで、ポットごとそのまま定植することができます。細かい種に適しているのは、ピートモスを固めて薄い板状にした製品で、水でふくらませて使います。発芽した苗の初期生育に必要な肥料があらかじめ入っていて、酸度が調整された製品もあります。発芽率が上がるので、初心者にもおすすめです。

種に土をかける? かけない?

花の種には、発芽に光を必要とするタイプと、光に当たると発芽しないタイプがあり、それぞれ「好光性」、「嫌光性」といいます。どちらのタイプかは、種袋に書いてあるので、それによって土をかけるか、かけないかを決めます。

※植物に合わせた種の播き方はP.77参照。

〈育てる〉 バジル、チャイブ、セージ、シソ

種から育てるハーブ

料理や日々の生活に、ちょっとあると便利なハーブ。ベランダやキッチンの片隅で数種類育てていると

種は年々、発芽率が落ちます。毎年新しい種を用意しましょう。

いう人も増えてきました。苗を購入して育てるのもいいですが、ハーブをよく使う人なら、種まきからがおすすめ。丈夫で育てやすいハーブなら、種から育てても失敗が少なく、低コストでたくさん収穫することができます。

バジルやタイムなど、暮らしのなかでよく活躍するハーブの多くが、春に種を播いて栽培できます。播き時はハーブによって異なりますが、温暖地ではおおむね4〜5月

袋の裏に書かれた栽培情報も確認を。

頃。種から育てれば、可愛らしい芽吹きの様子も楽しめます。播き時や育て方などは、種袋の裏に書いてある情報で確認しましょう。

ハーブの種まき&育て方ポイント

バジル

特徴／鮮やかなグリーンと爽やかな香りが、イタリア料理に欠かせないバジル。暑さに強く夏でも旺盛に生育し、トマトとの相性が抜群で夏の食卓で活躍するハーブです。たくさん収穫できたら、バジルペーストを作って保存してもいいですね(P.82〜83参照)。

播き時／4月下旬〜5月頃。日当たりのよい場所で育てましょう。大きく茂るので、株間を取って点まきに。好光性なので、土はごく薄くかけます。

育て方／乾燥に弱いので、水切れしないように注意。発芽後は元気な株を残して間引きをし、伸びてきたら、先端の芽を摘む摘心をして、わき芽を増やします。花が咲くと葉が硬くなり、株の生育も衰えてしまうので摘心を繰り返して、収穫を長く続けましょう。一年草扱いなので、毎年種まきが必要です。

チャイブ

特徴／ネギの仲間のチャイブは、細長い葉に独特のマイルドな風味があり、西洋料理でよく使われます。サラダやオムレツ、魚料理などにも相性抜群。5〜6月頃には、赤紫色の丸い花を咲かせ、花壇に植えても可愛いハーブです。

播き時／3月下旬〜6月上旬頃と、9〜10月頃。嫌光性なので、播いた後は種が隠れる程度に土をかぶせます。明るい日陰で肥沃な場所を好みます。

育て方／成長してきたら、地際から3〜5cmほどで切り取ると、また葉が伸びて何度も収穫できます。収穫を続けると花が咲かないので、花も楽しみたければ、収穫用と観賞用に株を分けておきましょう。種から育てた場合、花が咲くのは翌年以降。宿根草なので、冬には地上部が枯れますが、春になるとまた芽を吹きます。

セージ

特徴／古代から香辛料や薬草として使われてきたセージ。銀色がかった長楕円形の葉は常緑で、初夏から夏にかけて咲く紫色の穂状の花もきれいです。

播き時／4〜5月頃と9〜10月上旬頃。好光性なので種が重ならないようにばらまきにし、薄く土をかけます。本葉が5〜6枚出たら日当たりのよい場所に植え付けを。

育て方／ある程度成長したら摘心をするとわき芽がよく茂ります。乾燥や寒さには強く、高温多湿に弱いので、梅雨前に収穫をかねて枝を透かし、風通しよく育てましょう。

シソ

特徴／ハーブというと西洋のイメージですが、大葉とも呼ばれるシソは立派な日本のハーブ。青ジソと赤ジソには、それぞれ葉が波打つチリメン種もあります。

播き時／4月中旬〜5月頃。十分暖かくなってから播きましょう。種は一晩水につけ、しっかり吸水させてから30cm間隔の筋まきにし、好光性なので土はごく薄くかけます。発芽後は間引きをして、株間をあけましょう。

育て方／乾燥を嫌うので、水切れに注意。株が20〜30cmに育ったら、若い葉から適宜収穫を。8〜9月頃に花穂が伸びると葉の生育が悪くなるので、収穫を続けたい場合は摘心を。一年草扱いなので、毎年種まきが必要です。

種まきとは希望の種を播くこと

植物を育てる時、あなたは苗を買いますか? 種を播きますか?「私は断然、種まき派」というのは、文筆家で園芸家の岡崎英生さん。岡崎さんにとって種まきとは、「希望の種を播くこと。美しく花が咲き、美味しい野菜が実った時のことを想像すれば、今、辛いことがあっても何とか頑張れるものです」。ある日、苗床から緑色の小さな芽が顔をのぞかせているのを発見したときの感動! そして、その瞬間、ガーデニングは買ってきた苗を育てるより、種まきから始めたほうがずっと楽しいということに気づくのです。「発芽発見!」の瞬間の喜びと感動を知らないなんて、本当にもったいない!

〈飾る〉庭の草花

ティーカップを使った
ローズボウル式アレンジ

　5月の庭は一年で一番多くの花が咲く時期です。ティーカップを「ローズボウル」の代用にして、庭の花やグリーンを部屋の中にも飾りましょう。専用の器がなくても今すぐ実践できるカップ＆ソーサーを利用した活け方です。

　この方法なら、たくさんの花も豪華な花も必要ありません。もし庭やベランダに花がなければ、道端に咲いている小さな草花でもOK。いただいた花束が少し傷んできた時にも、短く切ってローズボウルで活け直せば、リフレッシュできます。

　ローズボウル式アレンジを作ることで自然と触れ合い、無心に花を挿す時間が瞑想と同じように、心を落ち着かせてくれます。

ローズボウル式アレンジの作り方

花材／小ぶりの草花やハーブ、アイビーなど、好みで
材料／ティーカップ&ソーサー、水、花切りバサミ、
防水テープまたは布ガムテープ（5mm幅に切っておく）

花の色や季節に合わせてカップを選ぶのも楽しみの一つ。

ちょっとした隙間にも。置くだけで空間が華やかに。

❶ ティーカップがローズボウルに変身

カップの上面に格子状にテープを貼り、「ローズボウル」のように区切ります。テープが長すぎると側面から見えてしまうので、要注意。貼り終えたら、たっぷり水を入れておきます。

❷ ベースから活ける

フラワーアレンジの基本の一つ、クレセント（三日月）風に活ける方法です。両端が長細く、カーブを描いたようなスタイルになるよう、まずグリーン（写真はコデマリやアイビー）を使って、ベースから作ります。長めのものは指でたわませて、横や下方向に伸びるように調整します。

❸ 色ものと長短のあるもので立体感を

長いものと短いものを組み合わせるとリズム感が出て、立体的に仕上がります。平面的だと「のっぺり」とした印象になってしまうので注意しましょう。

❹ 隙間を埋めて完成

最後は、どの角度から見てもテープが見えないように、しっかりと隙間を埋めましょう。クレセント形ではなく、丸く可愛い花束のように活けたり、テーマカラーを決めてまとめるのもおすすめです。とにかく、バランスよく、可愛く、を意識しましょう。

洗面所に飾れば、フレッシュで清潔感アップ。

イギリスアンティークの花器「ローズボウル」

ティーカップアレンジは、神奈川県葉山町でアンティークバイヤーとして活躍するルーシー恩田さんが「ローズボウル」から発想したアイデア。ローズボウルとは、本来庭のバラを飾るための花器のことで、上面に細かく仕切られたプレートが付いています。仕切りが花留めになって活けやすいため、1900年代中頃のイギリスで流行しました。「剣山と吸水性スポンジのいいとこ取りの構造のおかげで、誰でも簡単に可愛いアレンジを作ることができます。器がガラス製のものも見かけますが、私のおすすめは金属製。ガラス製に比べ、より長く花を楽しめます。シルバープレート製なら、見た目はシンプルでも、上品な雰囲気があり、飾る場所を選びません」

〈食べる〉バラ

庭で咲かせた
バラの花ジャム

　5月は一季咲きのバラも四季咲きのバラも、いっせいに花開く贅沢な季節です。1輪だけでも美しく、うっとり眺めていたい花の女王。でも、眺めているだけではもったいない。無農薬で育てたバラは、ジャムやクッキー、バスソルトなどにも活用できます。

　なかでも花びらのジャムは、美しい色と香り、そしてシャキシャキとした食感が、他のどんなジャムにもない魅力。調理している最中も溢れる香りで夢心地になれます。でも、まずはバラを育てることから。多くの苗が販売される11月に栽培をスタートしましょう（P.100参照）。

オールドローズとイングリッシュローズをミックスして作ったバラジャム。

バラジャム作りには発色のきれいな赤系のバラがおすすめ

赤やピンクの発色が美しく、香りの
よいバラを選ぶと、美味しいジャム
ができます。黄色や青みがかったバ
ラは、香りはよくても色はあまりきれ
いに出ません。

'メイヤー・オブ・キャスターブリッジ'

無農薬で育てる

バラを食用にする場合、野菜やハーブと
同様、農薬を使わずに育てます。無農薬
栽培は、病気にかかりにくい品種を選び、
日々よく観察して虫を駆除することで可
能になります。

'スヴニール・デュ・ドクトゥール・ジャマン'
濃赤紫の花は、ジャムにしても美しい赤色に発色。

'ジャック・カルティエ'
濃厚な香りのオールドローズで、花びらが多い。

'ベル・ドゥ・クレシー'
紫色がかるローズピンクの花が魅力のオールドローズ。

'フェリシテ・パルマンティエ'
花びらの重なりが多く、香り高いオールドローズ。

バラジャムの作り方

材料／バラの花びら150g（品種により容量が異なります）
砂糖100g、レモン汁1個分、水1カップ（200㎖）

❶ 早朝に花を摘む

気温が上がってくると花びらの香り成分が揮発してしまうので、朝早くに花首のすぐ下で切り取ります。咲きたての花を選ぶと、虫が入っていることも少なく、色もきれいに出ます。摘んですぐに作るのがベストですが、できない場合は密封袋などに花を入れて冷蔵庫に保存し、その日の夜までには調理しましょう。

**❷ ガク近くの
花弁の基部を切る**

花首付近を持って花びらをもぎ取ります。花びらの基部（付け根）には苦味やエグミがあるので、少し切り取ります。水を張ったボウルに花びらを浮かべて優しくかき混ぜて洗い、キッチンペーパーで水気を拭き取ります。

❹ 花びらを煮詰め、花色水を加えて寝かせる

絞った花びらを鍋に入れ、砂糖と水を加え、中火〜弱火で20分ほど煮ます。火からおろして冷ましたら、③の花色水を加えて、そのまま1時間ほど寝かせます。その後、もう一度火にかけて煮詰めたら出来上がり。花色水を後から加えるのが、きれいに発色させる秘訣。

❸ 8分ほど揉み込み、花色水を出す

ボウルに花びらを入れ、レモン汁をふりかけて強く揉み込むと、4分ほどで水分が出てきます。さらに4分、合計8分ほど揉み込んだら、花びらを軽く絞ります。出た花色水は後で使うので、捨てずにとっておきます。揉み込みが足りないと、味や香り、色の出が悪くなるため、しっかり8分間、揉むのが大切。

品種により異なる花びらの味わい

オールドローズとイングリッシュローズでは、花弁の厚みが異なり、同じくらいの大きさの花を同じ数摘んでも、グラム（g）数が倍近く異なります。オールドローズのほうが花弁が薄く、ボウルに入れて揉み込もうと手を入れた途端、まるで羽毛が舞い上がるように花びらがフワッと浮き上がります。口に入れた時もオールドローズのほうが柔らかく、花びらがより厚くしっかりしているイングリッシュローズは、シャキシャキとした食感が楽しめます。品種をブレンドしたり、配分を変えたりして、好みの食感を追求するのもおすすめです。

バラジャムヨーグルト

バラジャムはスコーンやヨーグルト、アイスクリームなどシンプルなものに添えると、味と香りが際立ちます。

バラジャムスコーン

複数のオールドローズをミックスしたジャムをスコーンに添えて。

無農薬でバラを育てて自宅でジャムを作る楽しみ

鳥取県でバラを育てている面谷ひとみさんの庭では、香りのよい品種を選んで、無農薬で育てています。「無農薬なのでジャムには最適です。庭に植えたワイルドストロベリーでもジャムを作りますが、ベリーよりもバラのほうが素材として大量に収穫できるなぁと、ふと思ったことがきっかけです」。そして、以前からバラジャム作りをしている友人にレシピを聞いて試作してみたところ、あまりの香りのよさと色の美しさに、すっかりハマッてしまったという面谷さん。ジャムにしてみると、庭で育てているだけでは分からなかった花の個性に触れることができるそう。

6月

JUNE

青紫色のラベンダーが匂い立つようなグラベルガーデンに、涼しげな藤椅子を並べた、初夏の風景。

6月のガーデンフラワー

■ ピオニー（シャクヤク）
花期：5〜6月　宿根草
ボタン科ボタン属

庭植え＆鉢植え

■ カンパニュラ

花期：5〜7月　二年草
キキョウ科ホタルブクロ属

庭植え＆鉢植え

■ ラムズイヤー

花期：5〜7月　多年草
シソ科イヌゴマ（スタキス）属

庭植え＆鉢植え

■ セイヨウオダマキ

花期：5〜6月　多年草
キンポウゲ科オダマキ属

庭植え&鉢植え

■ ゲウム

花期:5〜6月　多年草

バラ科ダイコンソウ(ゲウム)属

庭植え&鉢植え

■ ニゲラ

花期:4〜7月　一年草

キンポウゲ科クロタネソウ属

庭植え&鉢植え

■ アリウム・ギガンチウム

花期:4〜6月　多年草(球根)

ネギ科ネギ(アリウム)属

庭植え&鉢植え

■ タイム・ロンギカウリス

花期:5〜7月　多年草

シソ科イブキジャコウソウ属

庭植え&鉢植え

■ リクニス・コロナリア

花期:5〜7月　多年草

ナデシコ科センノウ属

庭植え&鉢植え

■ リナリア

花期:5〜7月　一年草、多年草

オオバコ科ウンラン(リナリア)属

庭植え&鉢植え

■ ペンステモン

花期:6〜7月　多年草

オオバコ科イワブクロ(ペンステモン)属

庭植え&鉢植え

■ アジサイ

花期:6〜9月　落葉低木

アジサイ科アジサイ(ハイドランジア)属

庭植え&鉢植え

■ イベリス

花期:4〜6月　一年草、多年草

アブラナ科マガリバナ(イベリス)属

6月の庭仕事

6月といえば、梅雨——。ガーデニングをしたくても屋外での作業は無理な日も多くなります。けれども植物たちは旺盛に生育し、世話をしてもらうのを待っています。タイミングよく剪定すると、真夏の茂りすぎを防ぎ、その後の成長もよくなります。

また、この季節はさまざまな果実が熟す頃。収穫したらすぐに調理や保存作業に取りかからないと、せっかくの実りをダメにしてしまいます。さあ、雨の晴れ間をみて庭に出てみましょう！

a. 梅雨は挿し木のチャンス！
b. バラの花殻摘み（花後の剪定）
c. クレマチスの花殻摘み&切り戻し
d. ベリー類の収穫
e. アジサイの剪定
f. 蒸れ防止にハーブの枝透かし
g. クリスマスローズの花殻摘み
h. 雑草取り
i. 自家製堆肥を作る

a.
梅雨は挿し木のチャンス！

湿度の高い6月は挿し木が最も成功しやすい時期です。なかには発根剤を溶かした水に枝を入れておくだけで、発根してくるものも。ゼラニウム、アジサイ、ローズマリー、セージ、ラベンダーなどは根がつきやすいので、ぜひチャレンジを。

b.
バラの花殻摘み（花後の剪定）

5月上旬から次々に美しい花を咲かせてくれたバラ——。早咲き種はすでに終わり、遅咲き種もそろそろ花期の終わりを迎える頃です。この時期に大切なのが、花殻摘みです。咲き終わった花の数節下で、剪定をかねて切り戻しておきましょう。美観上もありますが、四季咲き種はこうすることで二番花が期待できるようになります。一季咲きのオールドローズやつるバラは、花殻摘みのみで剪定は不要です。

c.
クレマチスの花殻摘み&切り戻し

品種が多く、花の色や形が多彩なクレマチス。6月になってもまだ花をつけていますが、咲き終わった花は順次、摘み取りましょう。そのままにしておくと、返り咲きが見られません。人気品種の'エトワール・バイオレット'や'プリンセス・ダイアナ'（写真左）は、満開をすぎて花が散り始めた頃、株元近くで切り戻すと、再びつるが伸びて秋にも花が楽しめます。

d.
ベリー類の収穫

ジューンベリーやブルーベリー、ラズベリーなどが次々に熟す頃です。赤い果実は鳥たちが目ざとく見つけて食べてしまうので、先を越されないためには、早朝、夜明けとともに庭に出て収穫を。サクランボは雨に弱いので、色づいたらお天気を見ながら収穫するとよいでしょう。

e.

アジサイの剪定

梅雨に花の最盛期を迎えるアジサイは、花が終わった直後に剪定します。なぜなら翌年の花芽は早くも夏から秋に形成されるから。夏にボサボサに茂ったからといって、秋になってから枝を切ると、翌年は花が少なくがっかりすることに。花芽を落とさないタイミングで、剪定しましょう。

f.

蒸れ防止にハーブの枝透かし

気温の上昇とともにハーブが急速に生育してきます。梅雨入り前までに一度、枝を透かしてスッキリさせておくと、蒸れずに夏以降も丈夫に育ちます。ローズマリーのような樹木は根元から枝を数本切ります。ミントやタイムなどは根元を10cmほど残してバッサリ切ってOK（写真下）。特に木立ち性のタイムは、伸びすぎないようにこまめに刈り取らないと、内側から次第に枯れ込んできます。

これらのハーブは萌芽力が旺盛なので、梅雨明け頃には再び新芽が伸びてきます。剪定枝は料理やバスタイムに使えますし、挿し木もできます。

g.

クリスマスローズの花殻摘み

クリスマスローズは「花」と呼んでいる部分は本来、萼片（がくへん）です。ですから、花びらのように開花後に散ることがなく、ずっと残っていますが、そのままにしておくと種をつけて株の体力が失われます。種を採取する場合も6月までには採取を終え、採取しない場合にはもう少し早めに5〜6月までには花殻摘みをしましょう。

h.

雑草取り

梅雨時にはあっという間に雑草が生い茂ります。雨の晴れ間をみて、こまめに抜きましょう。病害虫の発生を予防するためにも、雑草取りは大切な作業です。

i.

自家製堆肥を作る

剪定枝や抜き取った雑草は、庭や菜園の隅に積み重ねておき、堆肥にしましょう。油粕や完熟堆肥を混ぜ、時々水をかけると、発酵が進んで堆肥化が早まります。こうして作った自家製堆肥を菜園に戻すと、野菜の出来と美味しさが全然違います。もちろん、花壇にも使えます。

猛暑に負けず咲き続ける夏花8選

近年の日本の夏は35℃以上になることが珍しくなく、40℃を超えたというニュースを耳にして改めてグッタリなんてことも。この気温は、インドネシアやマレーシアといった熱帯地方よりずっと高く、サハラ沙漠に接する町に近いくらいです。

屋外で直射日光を浴び続ける植物にとっても過酷な日々が続きますが、そんな酷暑にも耐え、元気に咲いてくれる一年草を8種ピックアップしました。

爽やかな色や可愛い形の花で、寄せ植えや花壇、庭を彩ってみましょう。春から初夏に植えれば、秋までずっと咲き続けます。

長く咲かせるコツ これらの一年草は、半年以上、咲き続けるものがほとんどです。花が咲くと株はとても体力を使うので、緩効性肥料の置き肥を月1回、液体肥料を週1回与えるとよいでしょう。鉢植えの場合は特に忘れずに。ただし真夏は株が弱るので与えません。

1   4 & 5   7

2

3   6   8

1　ニチニチソウ（小輪）

特徴／従来のニチニチソウも暑さに強いのですが、近年各メーカーが新しく品種改良している小輪・極小輪のニチニチソウはさらに暑さにも強く改良されていて、とても丈夫。小花なので、夏の寄せ植え花材としても重宝します。サントリーフラワーズ社からは「フェアリースター」、エム・アンド・ビー・フローラ社からは「ミニナツ」が日本フラワー・オブ・ザ・イヤーを受賞。どちらもパフォーマンスは折り紙つきです。

手入れ／伸びすぎたら切り戻して、株を整えます。

草丈／20cm前後

2　スーパーチュニア

特徴／夏の一年草の代表といえばペチュニアですが、このスーパーチュニアは一般的なペチュニアより強光に強く、真夏の直射日光や蒸れもものともしない強健種。さらに低温にも強く、早春から晩秋まで半年以上咲き続けます。株が傷んでも回復力に優れ、すぐに復活します。

手入れ／一般的なペチュニアは摘心をしないと、長く伸びた茎の先にしか花が咲かなくなります。一方、スーパーチュニアは摘芯が必要ありません。自然に枝分かれし、こんもりと株全体を覆うように花が咲いて、株姿を維持してくれます。

草丈／30cm前後

3　ユーフォルビア'ダイアモンド・フロスト'

特徴／春から霜が降りるまで、ふわふわと白い花を咲かせながら大きくなっていきます。どんな花とも調和し、花壇の手前など、土を見せたくない場所にもぴったり。

手入れ／花殻摘みや摘心などの必要はありません。手入れは水やりだけ。本当に手がかからないのによく咲いてくれます。

草丈／40cm前後

4　イソトマ

特徴／星のような小さな花と細い葉が軽やかな印象の夏の一年草。花色は写真の紫色のほかに白、ピンク、青、水色などがあります。初夏から咲き始め、横に広がるように生育し、花のカーペットを形成してくれます。

手入れ／真夏はいったん花つきが鈍りますが、そのタイミングで切り戻しすると、秋まで再び咲き続けます。

草丈／20〜40cm

5　ロベリア

特徴／上の花弁が2つに、下の花弁が3つに切れ込む青の小花は、蝶のような姿。宿根草と一年草がありますが、ロベリア・アズーロコンパクトなどの一年草タイプは暑さに強く、3月下旬〜11月まで手入れをしなくても株いっぱいに咲き続けます。

草丈／20cm前後

6　サンブリテニア

特徴／ゴマノハグサ科ジャメスブリテニア属の1品種で、写真はスカーレット。花径2.5〜3cmの小花ながら、冴えた赤の五弁と花心の黄色の対比が美しく、目を引きます。横に咲き広がるので、庭植えはもちろん、鉢植えやハンギングでも鉢からはみ出すようにボリュームたっぷり。従来のジャメスブリテニアより耐暑性に優れ、夏中鮮やかに庭を彩ります。

手入れ／株姿が乱れてきたら、適度に剪定すると分枝が伸びて短期間で再びきれいな姿に。

草丈／20〜40cm

7　ブルーサルビア

特徴／学名はサルビア・ファリナセア。ラベンダーに似た青紫色の花穂状の花が初夏から晩秋まで庭を涼しげに彩ります。写真とは別種に淡い水色や白もあります。

手入れ／開花期間が長く、途中花つきがやや衰えることもありますが、切り戻すと復活します。

草丈／60cm前後

8　ジニア

プロフュージョンシリーズ

特徴／ジニアは、百日草（ヒャクニチソウ）とも呼ばれ、夏の暑い時期に長期間咲いてくれます。なかでもプロフュージョンシリーズは暑さに強く、手入れをしなくても、よく分枝してこんもり茂ります。花色は、オレンジ、赤、ピンクなど。花殻摘みの必要もなく、ローメンテナンスな点も魅力。草丈が低いので、花壇の縁などにも重宝します。

草丈／20cm前後

ジニア・エレガンス'ペパーミント・スティック'

特徴／絵の具を飛ばしたような個性的でおしゃれな絞り咲きの花は、ジニア・エレガンス'ペパーミント・スティック'。斑の入り方が一つ一つ異なり、咲くたびにワクワクする面白さがあります。草丈が高く、大きいものだと花径が10cmにもなり、存在感抜群。個性を演出したい場合におすすめですが、花苗の流通が少ないので、4〜5月に種を播いて育てるとよいでしょう。

手入れ／花後に花殻を摘むと、わき芽が育って繰り返し咲きます。

草丈／70cm前後

カモミールを育ててハーブ染め

カモミールの育て方ポイント

ジャーマンカモミールの種まきと苗の植え付けは、春と秋の2回。早く収穫を楽しみたいなら、苗を植えましょう。植え付けは日当たりがよくて、水はけのよい場所に。乾燥しすぎるのはよくありません。肥えた土を好みます。

> **注意**／キク科植物やブタクサのアレルギーがある方は、カモミールの栽培や利用に注意が必要です。

カモミール染めの作り方

カモミール染めは、発色を促す媒染剤によって、染め上がりの色が変わります。ミョウバンを使った場合は、カモミールの花そのままの明るい黄色に。木酢酸鉄（もくさくさんてつ）を使うと、カーキ色のような渋めの色に仕上がります。

花材／ジャーマンカモミール
旬の摘みたてカモミールを大鍋にいっぱい（ドライハーブでも。また庭がなくて育てられない方は、市販のカモミールティーでもOK）
材料／ストール、媒染剤としてミョウバン（もしくは、木酢酸鉄）

野原に咲き広がる、可憐なカモミール。あなたの庭でも、小さなカモミールの茂みを作ってみませんか。摘みたての花でお茶を入れたり、染めものをしたり、ガーデンの楽しみが広がります。

カモミールの代表的な品種には、一年草のジャーマンカモミールと、宿根草のローマンカモミールがあります。ここで紹介するジャーマンカモミールは、草丈30〜60cm。1円

玉サイズの小さな花を春から初夏にかけて咲かせ、翌年は、こぼれ種で再び生えてきます。香るのは花の部分。中央の黄色い花心が次第に盛り上がり、白い花びらは反り返ってくるのも特徴です。

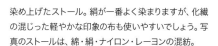
染め上げたストール。絹が一番よく染まりますが、化繊の混じった軽やかな印象の布も使いやすいでしょう。写真のストールは、綿・絹・ナイロン・レーヨンの混紡。

❶ 容器に水を張って、染める前のストールをつけておきます。

❷ コンロの上にセットした大鍋で湯を沸かし、ジャーマンカモミールを投入。くつくつと80℃以上で20分ほど煮出し、煮汁が茶色くなったらOK。

❸ ボウル（もしくは別の鍋）の上に目の細かいザルを置き、まず、カモミールの花や茎、葉を取り出します。

❹ 煮汁をザルに空けて、濾します。

❺ 濾した染液の入ったボウルに、絞って水を切ったストールを浸し、再びコンロにかけます。加熱し、80〜100℃で15分ほど、箸でかき混ぜながら煮ます。長く煮るほど布の色が濃くなるので、好みの色になったら取り出します。

❻ ストールを取り出して、水の中でゆすぎ、さらに流水でよくもみ洗いをします。絞ったら、次の媒染剤の工程へ。

❼ 水2ℓに対して、ミョウバンの量は小さじ1（5mℓ）。まず、水100mℓで小さじ1のミョウバンを溶き、ボウルに張った2ℓの水に流し入れてミョウバン液を作ります（カーキ色の仕上がりにする場合は、小さじ1/2の木酢酸鉄を使います）。

❽ ミョウバン液にストールを浸し、箸で時々ゆらゆらと布を動かしながら、5〜7分。だんだん発色するので、好みの色になったら引き上げます。

❾ ミョウバン液からストールを取り出して、流水でもみ洗いします。この時、もっと濃い黄色に仕上げたい場合は、❻〜❽の工程をもう一度繰り返して、二度染めを。最後に、よく水洗いしたら絞って自然乾燥させて出来上がり。

カモミールやローズマリーなど多くのハーブの力を生活に生かす

園内の植物をすべて無農薬で栽培し、その安全なハーブを使っていろいろな角度から植物を学ぶ講座を開催する、新潟県「ハーブランドシーズン」。カモミールのハーブ染めを教えてくれた代表の永嶋節子さんは、小説『赤毛のアン』などに登場するカモミールやローズマリーといったハーブの存在に惹か

れ、NPO法人ジャパンハーブソサエティー（JHS）認定上級インストラクターの資格を取得。それを機にハーブの道に本格的に進みました。「育てたカモミールを入れたお風呂を家族にすすめたら、よく眠れると喜ばれたのも励みになって。少しずつ心身の不調を和らげるハーブの力を感じるようになりました」

〈食べる〉ジューンベリー

愛でて食して飲んで嬉しい
ジューンベリーのジュース

ジューンベリーは、その名の通り6月に実が熟す落葉樹です。枝ぶりが華奢で、記念樹や庭のシンボルツリーとしても人気が高く、4月頃に小さな白い花をたくさん咲かせる樹姿も魅力です。収穫した赤い実は、そのまま食べても、ジャムやジュースにしても美味。お店では見かけない、季節の果実を育てて味わう贅沢はいかがですか。

ジューンベリーの育て方ポイント

ジューンベリーは、バラ科ザイフリボク属。原産地は北アメリカが中心で、寒さ、暑さともに強い性質。自然樹高は約5mになりますが、毎年の剪定によってコントロールできます。植え付けは、日当たり、水はけのよい場所に。地植えでは水やりはほとんど不要ですが、真夏の乾燥する時期には様子を見て水やりをしましょう。

2月頃に寒肥として緩効性有機質肥料を。自然に樹形が整うので、樹高を抑える切り戻し以外は、込み合っている部分を透かして風通しをよくする程度の剪定でOKです。

そのまま食べても美味しいジューンベリー

ジューンベリーの実は、熟すと少し黒ずんだ赤褐色になります。ちょうど同じ時期に旬を迎えるユスラウメと一緒に、水切りヨーグルトやアイスクリーム、ケーキに添えたら、見た目もおしゃれなデザートに。お客さまに出すと、「可愛い! この実は何?」と必ず聞かれます。ちょっとしたサプライズなおもてなしにも最適です。

ジュースで夏を乗り切る

収穫したジューンベリーの実を、できるだけ長く楽しむためにおすすめなのが、ジューンベリーのシロップ。例えば、氷とシロップを入れたグラスに炭酸水を注ぐと、庭の恵みがギュッと詰まったジューンベリージュースの出来上がり。赤紫色も目に鮮やかで、爽やかな酸味と甘みが蒸し暑いこの時期にピッタリ! シロップは冷凍保存できるので、たくさん作ったら小分けにして冷凍しておけば、夏中楽しむことができます。

シロップの作り方

材料／ジューンベリーの実と水を同量、レモン汁、砂糖の量は好みで

❶ 鍋に洗ったジューンベリーの実と水を入れて中火にかけます。
❷ 沸騰して実がはじけるまで煮たら、火を止めて粗熱をとります。
❸ 濾し器で濾します（種と皮を除くため）。
❹ 再び鍋に戻し入れ、砂糖とレモン汁を加え、ひと煮立ちさせます。

ジューンベリーは活けても可愛い

庭に1本のジューンベリーの若木を植えて10年以上になる、神奈川県の前田満見さん。5月下旬〜6月上旬、早朝からヒヨドリの賑やかな鳴き声が聞こえてきたら、収穫の合図。先を越されないように、手早く収穫します。また、ひと枝にいくつも鮮やかな赤い実がなる様子は何とも愛らしく、すぐに食べてしまうのはもったいないと、枝ごと切って室内に飾るのも毎年の楽しみ。できるだけ自然の枝ぶりを生かしてナチュラルに、高さのあるガラスの器に挿しました。初夏の風を感じる爽やかな花あしらいです。

JULY

7月

果物用の木箱を白く塗った手作りのハーブ
棚に並ぶのは、スペアミントやパイナップル
ミント、オレガノの鉢植えにミントのブーケ。

7月のガーデンフラワー

■ ユリ
花期：5〜7月（品種による）
多年草（球根）　ユリ科ユリ属

庭植え&鉢植え

庭植え&鉢植え

■ エリゲロン・カルビンスキアヌス
花期：5〜11月　多年草
キク科ムカシヨモギ（エリゲロン）属

庭植え&鉢植え

■ アスチルベ
花期：5〜7月　宿根草
ユキノシタ科チダケサシ（アスチルベ）属

庭植え&鉢植え

■ シャスタデージー
花期：5〜7月　多年草
キク科レウカンテマム属

庭植え&鉢植え

■ アルケミラ・モリス

花期：5〜7月　多年草

バラ科ハゴロモグサ（アルケミラ）属

庭植え&鉢植え

■ グラジオラス

花期：6〜10月　多年草（球根）

アヤメ科トウショウブ（グラジオラス）属

庭植え&鉢植え

■ キャットミント

花期：4〜10月　宿根草

シソ科イヌハッカ（ネペタ）属

庭植え&鉢植え

■ アストランティア

花期：5〜7月　多年草

セリ科アストランティア属

庭植え&鉢植え

■ アガパンサス

花期：5〜8月　多年草（球根）

ムラサキクンシラン科ムラサキクンシラン（アガパンサス）属

庭植え

■ ホリホック

花期：6〜8月　一年草、二年草、多年草

アオイ科タチアオイ属

庭植え&鉢植え

■ ヘメロカリス

花期：5〜8月　宿根草

ワスレグサ科ワスレグサ（ヘメロカリス）属

庭植え&鉢植え

■ トケイソウ

花期：5〜10月　常緑つる植物

トケイソウ科トケイソウ（パッシフロラ）属

庭植え

■ スモークツリー

花期：6〜8月　落葉高木

ウルシ科ハグマノキ属

ガーデンフラワー

7月の庭仕事

7月になると、春から初夏にかけての花はほぼ咲き終わり、庭は夏模様。花殻摘みや野菜の収穫、雑草取りなど、暑くても庭仕事は満載です。作業は気温が高くなる前か、夕暮れ時に。蚊よけや、UV対策はもちろん、熱中症にも気をつけましょう。

a. 水やりは午前中早めに
b. まだ間に合う野菜苗の植え付け
c. 夏野菜の収穫
d. ジギタリスの種採り
e. ポピーとヤグルマギクの後片付け
f. ニゲラのドライフラワー作り
g. ベリー類の収穫
h. 鉢植えの暑さ対策

a.

水やりは午前中早めに

鉢植えの植物は水やりを忘れないようにしましょう。夏は午前中早めに。気温が高くなってからだと鉢内の水の温度が上がってしまい、根を傷める原因になります。気温の低い朝のうちに根に吸水させるのが理想的。

b.

まだ間に合う野菜苗の植え付け

収穫時を迎える夏野菜ですが、ナス、キュウリ、カボチャは秋採りを目的として苗を定植することができます。ナス、キュウリは家族2人につき1株を目安に植え付けましょう。

c.

夏野菜の収穫

トマト、ナス、キュウリ、ズッキーニ、ゴーヤなどが次々に実る頃です。ナスとキュウリはうっかり肥大化させてしまうと、樹勢が衰え、収穫できる期間が短くなります。毎日、あるいは1日おきに見回りましょう。ズッキーニも放っておくとどんどん巨大化するので、長さ20〜30cmの頃を目安に、ゴーヤも緑色の間に収穫しましょう。

d.

ジギタリスの種採り

初夏の庭を彩ってくれたジギタリスが咲き終わり、長い花穂が残っています。しばらくそのままにしておき、全体が茶色く枯れてきたら7月中旬までに地際から刈り取って、花穂にたくさんついている小さなサヤを採取しましょう。サヤの中には、細かい種がぎっしり入っています。それを保存しておき、9月になったら庭やコンテナに播きます。

e.

ポピーとヤグルマギクの後片付け

5〜6月の庭の主役だったポピーやヤグルマギクも花期の終わり。枯れ始めると倒れやすくなり、景観を乱すので、早めに抜き取ります。抜いたポピーやヤグルマギクは庭の隅に積んで堆肥化させましょう（P.39参照）。

f.

ニゲラのドライフラワー作り

ニゲラは和名がクロタネソウ、英名はラブ・イン・ア・ミスト（love in a mist）。高さ40cmほどの茎の先にヒゲ飾りのついた白や空色の花が5〜7月に咲き、咲き終わると丸い球果になります。花茎が少し枯れてきた頃に刈り取ると素敵なインテリア素材に。球果の中には種がたくさん入っているので、室内に吊しておくと追熟が進み、カラカラと音をたてたり、床にこぼれ落ちたりします。種は、9月の播き時まで封筒などに入れて保存しておきましょう。

g.

ベリー類の収穫

ブラックベリーのお酒
あまり熟しすぎないうちに摘み取って、お酒やジャムを作りましょう。ブラックベリー酒は、梅酒の作り方と同じ。焼酎に氷砂糖とブラックベリーの実を入れ、一年ほど寝かせます。焼酎の代わりに果実酒用のブランデーを使ってもOK。

6月に続いて7月も、ブラックベリー、レッドカラント、ラズベリーなどのベリー類が収穫できます。生で食べきれないほど採れたら、ジャムや果実酒を作りましょう。

h.

鉢植えの暑さ対策

鉢植えの植物は直射日光が長時間当たる場所だと、根が傷むことがあります。移動するか、一回り大きな植木鉢を用いて二重にするなど、暑さ対策をしましょう。

レッドカラントのジャム&お酒
レッドカラントの実は生食ではあまり美味しくありませんが、加熱すると風味がよくなります。砂糖を加えて煮詰めると、甘酸っぱくて美味しいジャムに。また、ブラックベリー酒と同じ作り方でお酒も。何年も長く寝かせて熟成させると、より美味しくなります。

ハーブの女王ラベンダー

　風に揺れる紫色の長い花穂、その花穂が放つ爽やかな甘い香り。ラベンダーはとても魅力的な植物で、数あるハーブのなかでもとりわけ素晴らしい芳香があることから「ハーブの女王」と呼ばれています。

　花穂は50〜80個の小さな花の集まりで、それが最下段から上へ上へと順に咲き上がり、2週間ほどで咲ききります。

　しかし、すべての花を咲かせてしまうと株の勢いが衰えるので、なるべく早めに刈り取り、ドライフラワーにして楽しむのがおすすめ。花束を室内に吊せば素敵なインテリアになりますし、花粒を少量ポットに入れ、お湯を注げば、ちょっとおしゃれなラベンダーティーに。

　ラベンダーの香りには不安や憂鬱な気分を和らげ、安眠を促す働きもあります。ドライの花粒を詰めた「サシェ」(匂い袋)や「ピロー」(枕)を、ぜひ手作りしてみましょう(P.54〜55参照)。

ラベンダーの育て方ポイント

ラベンダーは、シソ科の多年生常緑低木です。日当たりと風通しがよく、水はけのいい場所を好みます。酸性の土壌では生育不良になるので、苦土石灰で中和してから植え付けます。花が三分咲きになっ

た頃、花穂を刈り取り、ドライフラワーにするのがおすすめ。秋の終わりには大胆に丸く刈り込んで翌年に備えましょう。この時、株元に肥料を与え、春の芽吹き前にも肥料を与えます。

ラベンダー栽培史研究家の岡崎英生さんの救急箱には、北海道富良野産の100％天然「ラベンダーオイル」とフランス産のアロマ環境協会認定精油が常備されています。

暮らしのさまざまなシーンで活用できるオイル

花穂を蒸留して抽出するラベンダーのエッセンシャルオイルは、香水や化粧品の重要な原料の一つ。これを、入浴の際、バスタブに2、3滴垂らせば心地よい芳香浴が楽しめます。また、このオイルには強い抗菌性と抗ウイルス性に加えて鎮痛の働きもあり、切り傷や火傷、蜂に刺された時などに塗布すると、痛みを軽減し、治癒を早めてくれます。

品種のバリエーション

ラベンダー・アングスティフォリア

別名トゥルーラベンダー、コモンラベンダー。草丈約40cm。北海道の'オカムラサキ'や'濃紫3号'などアングスティフォリア系は夏の高温多湿に弱く、関東の平野部では育てにくい品種です。

ラバンディン

アングスティフォリアとラティフォリアの交配種で、丈夫な品種。草丈約80cm。香りはアングスティフォリアと異なり、樟脳成分が多いので防虫には効果的。安眠には不向きです。

フレンチラベンダー

ウサギの耳のような花が特徴的。夏の暑さに強く育てやすいですが、耐寒性はやや弱め。草丈約80cm。丈夫で可愛い花壇の彩りに重宝。香りはあまり強くありません。

〈作る〉ラベンダー

安眠作用のある
手作りのラベンダーピロー

　青紫色の花が美しく、甘く爽やかな芳香があるラベンダーは、7月に花の盛りを迎えます。庭で咲かせたラベンダーをドライにして、安眠を促すピロー（枕）を作りましょう。ベッドの中でほんのり香る優しいラベンダーを感じながら深呼吸していると、いつの間にか眠りに落ちてい

た…という嬉しい体験ができるのも、天然植物だからこそ。
　香りの成分は空気に触れると揮発するので、香りが弱くなったら新しいものに交換しましょう。目安は2カ月程度です。また、カモミールやレモングラス、オレンジピール、ローズにも気持ちを落ち着かせる鎮

静作用があるので、気分に合わせて取り替えてみるのもおすすめ。
　安眠するためのハーブ選びのポイントは、「心地よい」と感じること。ほかの理由で選んだものでは、求める作用は期待できません。あなたの心に「これ！」と響くハーブを、ぜひ見つけてください。

ラベンダーピローの作り方

花材／ドライのラベンダー (15g)
材料／布地 (縦28×横32cm)、だし袋やお茶袋3枚
[仕上がりサイズ／縦 10×横 30cm]

ラベンダーの香りの作用

ラベンダーの清々しい香りの正体は、酢酸リナリルとリナロールという芳香成分で、不安や緊張、イライラを鎮める作用があります。精神的な疲労や、ストレスからくる胃のトラブル、偏頭痛にもおすすめ。特に夜、就寝前に嗅ぐと、ゆったりとした気持ちで眠りにつくことができます。

❶ ラベンダーを計量し、だし袋3つに分けて詰めます。この時、花粒が飛び出てこないよう、ホチキスなどで口を数カ所留めておきましょう。

❷ 長い辺の布端を裏に1cm折り返して縫います。

❸ 布を中表にして写真のように折りたたみ、両脇を縫い代 1cmで縫います。

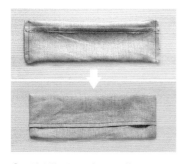

❹ 両脇を縫ったら、表に返し整えます。

❺ ピローの中でラベンダーの袋が動かないように、2本ステッチをかけます。

❻ ピローの中にラベンダーの袋を入れて完成！ 布は汚れたら洗って繰り返し使いましょう。厚みは、ハーブの量で調整を。

注意／自然の恵みが詰まったハーブですが、妊娠中・授乳中の方、治療中の病気がある方、体質等の心配がある方は、使用できない種類があります。使用する前に、かかりつけの医師にご相談ください。また、ハーブは薬ではありません。健康状態が気になる方も医師にご相談ください。

ハーブのある暮らし「ガーデンセラピー」を始めよう

ハーブや季節の植物を育てたり、収穫を楽しんだり…そんな植物のある暮らしを通じて、心身の健康を維持促進しようという活動を「ガーデンセラピー」と呼んでいます。ガーデンセラピーというと、庭で作業をするイメージがあるかもしれません。植物を育てるだけではなく、むしろ、育てた植物を生活にもっと生かすことや、ハーブを体内に取り入れることで、セラピー効果は高まります。『花音の森』を主宰し「ガーデンセラピー」の実践方法を提案している堀久恵さんは「特にハーブは、飲んだり食べたり、生活のなかで使える手作りアイテムに加工したりと、幅広く楽しめるのが最大の魅力です。どうしたらいいのか分からない、なんとなく難しそう、ハードルが高そうと思われがちですが、このラベンダーピロー作りから『ガーデンセラピー』が身近になったらいいですね」と話してくれました。

花のマジックドリンク

鮮やかな花の色を水に移して遊んだ記憶はありませんか。ハーブのなかには、そんな色水遊びを楽しみながら、美味しく飲めて身体にもよいものがあります。

それは、つる性植物のバタフライピーと宿根草のコモンマロウ。美しい色が楽しめる夏のハーブティーを作って、子どもたちやお客さまの前で色変わりをさせたら、盛り上がること間違いなし！

バタフライピーの育て方ポイント

バタフライピーは江戸時代末期に日本に入ってきたもので、実は古くから栽培されてきました。本来は多年草で、原産地の熱帯地方では一年を通して花が咲きますが、寒さに弱いので、日本では一年草として扱われています。夏の暑さにはとても強く、猛暑のなかでも丈夫に育ち、6〜10月まで繰り返し青い小さな花を咲かせます。つる性で4mほど伸びるので、

フェンスやトレリスなどに絡ませながら育てるとよいでしょう。乾燥させた花はハーブティーとして楽しめます。

花のマジックドリンク①

ディープ・ブルー・ラテ

紺碧の青色がミルクに溶け出す様子がなんとも不思議で妖しげなドリンク「ディープ・ブルー・ラテ」。この青インクのような濃い色は、こう見えて天然もの。バタフライピーの青い花の色素を使います。バタフライピーは東南アジアに自生するマメ科の植物で、タイやベトナムなどではハーブティーとして古くから愛飲されています。タイやマレーシアには、この色素で米を染めたナシケラブという伝統料理があります。ディープ・ブルー・ラテは、バタフライピーを濃く抽出してよく冷やし、冷たいミルクに注げば出来上がりです。

この青色はアントシアニンという色素によるもので、お湯に溶けると鮮やかな青色になります。酸性では赤色に傾くため、レモンを入れるとサーッと紫色に変わります。アントシアニンは抗酸化物質のポリフェノールの一種で、美容と健康への効果と、そのインパクトのある色合いから、近年、人気が高まっています。

花のマジックドリンク②

植えっぱなしで毎年咲くコモンマロウ

夏に赤紫色の美しい花を咲かせるコモンマロウも色変わりが楽しめるハーブです。畑の縁などで鮮やかな花を咲かせているタチアオイ（ホリホック）と同じアオイ科ですが、タチアオイより少し小ぶりで鮮烈な色が印象的。
花は午前中咲いて、午後にはしおれてしまう一日花なので、収穫は朝のうちにすませます。
とても丈夫な宿根草で、植えっぱなしで大丈夫ですが、年々、株が太るので、植え付けから3年目以降は株分けをしながら育てます。

宿根草のハーブ、コモンマロウ

ドライにしたコモンマロウ（ブルーマロウ）をポットに入れ、お湯を注ぐと美しい青紫色になります。マロウは咳や下痢、不眠の解消などに効果があるとされ、ヨーロッパではギリシャ時代から親しまれてきました。この青紫色もアントシアニンなので、レモンを入れると色が変わります。

レモンを絞ったマロウティー。美しいピンクに変わります。

AUGUST

8月

夏のテラスは家庭菜園スペースに。太陽光
をたっぷり浴びたミニトマトやトウガラシに
加え、タイム、セージなどハーブが育ちます。

8月のガーデンフラワー

■ アサガオ
花期：7〜10月　一年草
ヒルガオ科サツマイモ属

庭植え&鉢植え

■ エキノプス
花期：6〜8月　宿根草
キク科ヒゴタイ（エキノプス）属

庭植え&鉢植え

■ カリブラコア
花期：4〜11月　一年草
ナス科カリブラコア属

庭植え

■ ヤナギラン
花期：7〜8月　宿根草
アカバナ科ヤナギラン属

庭植え&鉢植え

■ ペチュニア

花期:3〜11月　一年草

ナス科ツクバネアサガオ(ペチュニア)属

庭植え&鉢植え

■ エリンジウム

花期:6〜8月　多年草

セリ科ヒゴタイサイコ(エリンジウム)属

庭植え&鉢植え

■ ヒマワリ

花期:7〜9月　一年草

キク科ヒマワリ属

庭植え&鉢植え

■ マリーゴールド

花期:4〜12月　一年草

キク科マンジュギク(タゲテス)属

庭植え&鉢植え

■ ギボウシ

花期:7〜8月　宿根草

キジカクシ科ギボウシ(ホスタ)属

鉢植え

■ ハイビスカス

花期:5〜10月　常緑低木

アオイ科フヨウ(ハイビスカス)属

鉢植え

■ マンデビラ

花期:5〜10月　常緑つる植物

キョウチクトウ科チリソケイ(マンデビラ)属

庭植え

■ ハニーサックル

花期:6〜9月　落葉つる植物

スイカズラ科スイカズラ属

庭植え

■ ノウゼンカズラ

花期:7〜8月　落葉つる植物

ノウゼンカズラ科ノウゼンカズラ属

8月の庭仕事

暑い日が続く8月。ガーデニングでも水のやり方や鉢の置き場所などに、いつもより気を配る必要がある時期です。水切れや暑さに負けそうな植物に手を貸したり、猛暑を有効利用して土の再生や干し野菜作りができたりします。作業中は、くれぐれも熱中症と日焼けに気をつけましょう。

また、暑いといえども来シーズンのガーデン準備がそろそろ始まります。タイミングを逃さないように、外作業以外の時間は、涼しい部屋でネット通販のサイトをチェックするのもおすすめです。

a. 真夏の液肥は薄めに
b. ホースの水の熱湯化に注意
c. 暑い夏は地植えでも水やり
d. ハダニ対策にシャワーで葉水
e. 春秋型、冬型の多肉植物は
　 生育停滞期
f. バジルの切り戻し
g. 夏の草花を切り戻す
h. 人気の植物は今から予約

b.

ホースの水の熱湯化に注意

近年の夏の暑さは想像以上で、猛暑日ともなるとホースに溜まった水は温かいを通り越し、熱湯化して触れると熱いくらいです。しばらく水を出して水温が下がってから使いましょう。朝の水やりは、遅くとも8時前までに。それ以降は気温が急激にぐんぐん上がり、鉢の中で水がお湯化してしまいます。日が落ちて涼しくなってからもう一度水やりをしてもよいでしょう。

c.

暑い夏は地植えでも水やり

異常な酷暑のせいで、植物にも異変が生じています。地植えの場合、通常は水やりは必要ありませんが、地域によっては地植えの植物でもしおれかけているものがあるようです。特に地中海沿岸原産のハーブのほとんどは、日本の高温多湿が苦手。夜の気温が高い日が続くと弱るので、夕方以降はハーブの周辺に打ち水をして地温を下げましょう。中途半端に水を与えると蒸れを引き起こすので、水やりをする時は、たっぷりと。

d.

ハダニ対策にシャワーで葉水

ハダニはその名の通り、植物の葉につくダニです。高温で乾燥した環境を好みます。繁殖力が旺盛で、風に運ばれてやってくると、あっという間に広がります。虫自体は極小ですが、広がると葉が白っぽくなり、生育が悪くなります。葉裏に寄生し湿気を嫌うので、こまめにシャワーの水を葉裏にかけながら水やりをするとよいでしょう。ベッドやカーペットなどに繁殖し、アレルギーの原因となるダニ類とは種類が異なります。

e.

春秋型、冬型の多肉植物は生育停滞期

セダムやエケベリア、センペルビウム、ハオルチア、パキフィツムなど春秋に生育する多肉類は停滞期です。日焼けを起こしやすいので直射日光に当てないよう遮光し、風通しをよくしましょう。生育停滞期は根が水を吸うスピードも遅いので、表土が完全に乾いたら水をたっぷり与えます。冬に生育するリトープスなどのメセン類や冬型コーデックスなどは休眠期なので、水も肥料も与えません。

a.

真夏の液肥は薄めに

暑いさなか、可愛い花を次々に咲かせてくれる夏の草花。植物は体力を消耗しているので、1〜2週間に1回、液肥を与えましょう。ただし真夏は、液肥を通常より薄めにするほうが安心。花をたくさん咲かせたくて濃くすると、肥料焼けして逆に弱らせてしまいます。

f.

バジルの切り戻し

5〜6月に種を播いたり（P.26〜27参照）、7月に苗を植えたりしたバジルは、そろそろ花穂が伸びてきます。そのままでは葉が硬くなるので、摘心してわき芽を増やしましょう。8〜9月上旬に株元から15cm程度で切り戻すと再び枝葉が茂り、10月いっぱいまで柔らかい葉が収穫できます。

9月初旬で、伸びすぎた状態。このタイミングで切り戻しをすると200gの瓶2つ分ほどのバジルペーストができます（P.82〜83参照）。

スイートバジルの花穂。放置すると種をつけます。

切り戻しをすると、わき芽が吹いて再び収穫できます。

g.

夏の草花を切り戻す

ペチュニアやサルビア、マリーゴールド、インパチェンスなども、8月中旬を過ぎると草姿が乱れてきます。そのタイミングで一度、茎を1/2〜1/3ほど切り戻すと、1カ月ほどで再びきれいに咲き出し、秋にも花が楽しめます。

h.

人気の植物は今から予約

暑い、暑いといいながら、季節は巡るもの。秋のガーデニングに向けて、宿根草や球根、バラ苗などは8月から「予約販売」が始まります。ちょっと変わったものや人気の品種は早い者勝ち。涼しくなってから「そろそろ秋のガーデニングを始めようかなぁ」とネットショップをのぞいても、素敵なものは軒並み"sold out"に。欲しい花、狙っている植物があれば、今から予約するのがベストです。

猛暑を利用した古土の再生

鉢やプランターの中で、古い土が残ったままになっていませんか？　一度植物を育てた土は、そのままでは使えません。目には見えませんが、害虫の幼虫や卵、病原菌が潜んでいたり、土の団粒構造が崩れて微塵（みじん）になっていたりするため、次の植物が健全に生育しないからです。しかし、土は再生することができます。

❶ 不要なものを取り除く

晴天の日を選んで作業します。ビニールシートの上に古い土を広げ、枯れ葉や前の植物の根、肥料のカスを取り除きます。鉢底石も分別しておきましょう。土はふるいにかけますが、ふるいの目には荒目、中目、細目があります。最初に荒目でふるい、細かい根やゴミを取り除きます。次に中目と細目を重ねてふるうと、微塵や砂のように細かい土が落ちます。これは根詰まりなどの原因となるので処分し、ふるいに残った粒状の土だけを再利用します。

❷ 袋に入れて日光に当てる

土にジョウロで水をかけて全体を湿らせ、黒いビニール袋に入れて口をしばります。1日おきくらいに袋の上下をひっくり返して日光が全体に当たるようにします。この方法で、真夏なら1週間ほどで土の太陽熱消毒ができます。

❸ 再生材・腐葉土・完熟堆肥・液肥を混ぜる

消毒した土に、市販の古土再生材を1〜2割ほど混入し、さらに腐葉土、完熟堆肥、苦土石灰を加え、よく混ぜます。この時、モミガラ燻炭を混ぜるのも効果的。通気性がよく、水はけのよい土になります。

❹ 再生完了

3週間〜1カ月ほどで再生完了。自家製培養土の出来上がりです。こうして再生させた土で、草花も野菜類も、とてもよく育ちます。

〈育てる〉 ペチュニア、スーパーチュニア、ペンステモンなど

一年草で魅せる夏の寄せ植え

夏の間、可愛い花ときれいな彩りで楽しませてくれる一年草。玄関先や庭のアクセントとして、さりげなく魅せる寄せ植えを作るには、暑さに強く、花がよく咲く一年草を組み合わせることが大切。植え方の3つのポイントを押さえながら、チャレンジしてください。

Point 1　花は太陽に向かって育つことをイメージして

横長の黒い鉢を用い、シックな花色でコーディネート。寄せ植えをグレードアップさせるコツは、一つ一つの花苗の「株姿」を吟味することと、「花の向き」にこだわって植えること。しばしば「よい花苗の選び方」として「茎がしっかりしていて間延びしていないもの」というアドバイスがなされますが、寄せ植えでは間延びしているもののほうが植えてすぐ馴染んだ感じを演出するのに重宝することがあります。鉢に植え込む際は、太陽に向かって伸びるイメージで花の向きを考慮します。向きを意識したものと、何も考えずに植え込んだものとでは、全く同じ花を同じ数使っても、完成時の見た目に大きな差が出るものです。

【使った花】　写真上（手前の鉢、左ページ写真は植え付けて1カ月後）ペチュニア、ルブス、ワイヤープランツ、ヒューケラ　写真下　スーパーチュニア、オステオスペルマムのダブル、ブロンズフェンネル

オステオスペルマムは切り戻しをしながら育てると、春から夏まで長く楽しめます。

育てる

Point 2　アンティークカラーの花には差し色をプラス

クリーム色系統の大小のペチュニアをメインフラワーとして使った、15号の大鉢の寄せ植えです。近年はアンティークカラーなど、日本人好みの渋めの色合いが増えており、とても魅力的。しかし大鉢の場合は、地味な色ばかりのワントーンでまとめる

と、寄せ植え自体の存在感が薄れてしまうことがあります。そんな時は、発色が鮮烈な花を「差し色」として少量加えると、渋い花色の美しさが際立って見えます。ここではペンステモン'エレクトリック・ブルー'が差し色として効果を発揮し、目を引く個性的

な寄せ植えに仕上がっています。

....

【使った花】　ペチュニア・プレミアムコレクション大小2種、イソトマ、バーベナ、ペンステモン'エレクトリック・ブルー'

Point 3　中鉢以下では小花の「つなぎ」が活躍

渋めの色合いのペチュニア3種を用いた寄せ植えです。この鉢は容量が小さいため、差し色を入れると目立ちすぎてバランスが崩れる可能性があります。そこで、白い小花を入れて色の沈みを解消します。チラチラと咲き広がる小花は「つなぎ」として全体を調和させる役目も担っています。ここではドリクニウム・ジャーマニカムという小花を使っていますが、ユーフォルビア'ダイアモンド・フロスト'や小花タイプのペラルゴニウムなども同様に活躍してくれます。中鉢以下で寄せ植えをする際は、こうした小花を活用すると、ナチュラルにまとまりやすくなります。

【使った花】 ペチュニア3種、ドリクニウム・ジャーマニカム、ハロラギス'メルトンブロンズ'、ブロンズフェンネル（フェンネルは夏に向けて背が高くなるので、伸びてきたら剪定して仕立て直しながら育てます）

庭があってもなくても楽しめる寄せ植え

ガーデンデザイナーの安酸友昭さんは、庭の中で鉢植えを効果的に使っています。「本来地際で咲いているような花も、鉢植えにすると高さが上がり、庭の差し色になります。植え替えもしやすいので、存在感のある鉢をいくつか配置しておくと模様替えに便利ですよ。もちろん、庭がない場合にも寄せ植えは季節の花を楽しむのに最適です。いくつか鉢を並べる時は、色や素材を揃えるとまとまり感が出ます。何度も買い換えるものではないので、よいものを選んで長く使うのも得策。大きな鉢は水やりの回数も少なくて済み、手入れも楽です」

鳥取県／面谷邸

育てて飾るアジサイ'アナベル'

ドライフラワーで人気のアナベルは、庭で育てやすい樹木の一つ。花は、6〜7月に咲き始め、黄緑から純白、そして緑へと色を変えながら、秋まで見頃が続くのも魅力。

耐寒性と耐暑性に優れ、大きく根を伸ばして、年々立派な株になります。身近に育てれば、惜しみなく切ってたっぷり飾ったり、リースやスワッグなどクラフトにしたりと活用できます。

夏の夕暮れに花と明かりの演出

ランタンのほのかな明かりに浮かび上がるのは、ドライのアナベル。株分けしたアナベルを、庭の3カ所で育てている前田満見さんによる花飾りと庭風景です。「咲き始めからドライまでずっと美しいアナベルは、お気に入りの花木の一つです」

アナベルの育て方ポイント

梅雨時に咲くブルーやピンクの鮮やかなアジサイに対し、'アナベル'は、北アメリカ東部に自生するアメリカアジサイ（アメリカノリノキ）の一種で、性質が少し異なります。大きな違いは、その年に伸びた枝先に花が咲くので、冬の剪定で花芽を落とす失敗がない点。日本では北海道から鹿児島まで戸外で育てることができます。植える場所は、半日陰がよいでしょう。

6月上旬、クレマチスが咲く庭で黄緑色の花がふくらみ始めたアナベル。

6月中旬、純白へと変わり満開のアナベル。

雨に映える爽やかな花

梅雨の時期、アナベルは大輪の手鞠のよう。雨粒をまとうと、さらに美しくなります。ヤマアジサイと束ねてブーケを作るひと時…ちょっぴり憂鬱な気分が晴れる花遊びの時間です。

7月上旬、ヤマユリの背景に爽やかな印象を添えるアナベル。

涼しげな夏の花飾り

ヤマユリやオニユリが夏の到来を告げる頃、アナベルは、再び緑色へと褪色します。どこか灰色を帯びた緑色の花は、少しカサッとした感触。こうなったら、思う存分カットして部屋のあちこちに飾りましょう。

アケビのカゴにバサッと無造作に活ければ、アナベルらしい野趣溢れる花あしらいに。

秋はカゴいっぱいの
ドライフラワーに

アナベルは8月にカットしたあと、ほぼ色褪せることなくドライになります。リースを作ったり、ガラスの瓶やカゴに入れたりするだけでも、不思議とサマになります。時を経たアナベルの深い色合いに、心も和みます。

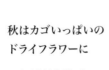

ニュアンスのある緑色と器の透明感が爽やか。

〈食べる〉 ミント

ミントで爽やかに夏を過ごす

夏にはミントが青々、たっぷり茂ります。生育旺盛なミントは、切り戻すのも手入れの一つです。花が咲き進むと葉が硬くなるので、花が咲いた頃が切り戻しのタイミング。香り高いフレッシュミントを摘んだら、ドリンクやデザートのトッピング、リフレッシュしたい時などに活用しましょう。また、10月以降は葉が枯れていくので、その前に刈り取ってドライにすると、お風呂の入浴剤としても楽しめます。

ミントの育て方ポイント

ミントは水が好きな植物なので、水切れに注意すれば、あまり手をかけなくてもよく育ちます。一つだけ注意したいのは、その旺盛な繁殖力。1株植えたものが庭中へ広がり、いつの間にかミント畑になってしまった、ということも珍しくありません。ほかの草花の成長にも影響を及ぼすため、庭植えにする場合は、しっかりその範囲を区切っておくことがコツ。地下で根が広がる

ので、地中深くに波板などを差し込んでおくと安心です。鉢植えやハンギングバスケットで育てるのもよいでしょう。

モヒート風ドリンク（ノンアルコール）の作り方

材料／ライム 1/2個、ミントひとつかみ、砂糖 グラスに25gほど、炭酸水、氷

❶ グラスに砂糖を入れ、ライムを小さめにカットし、ミントの葉を茎から切り取ります。

❷ グラスにライムとミントを入れ、マッシャーやすりこぎで潰します。

❸ ライムのジュースが出て、ミントが香り立ち、グラスの底の砂糖も溶け始めたら炭酸水を注ぎ、氷を入れて完成です。

ミントのおもてなし

夏に来客を迎える際におすすめのテーブルアイデアは、ミントのお手拭き。暑いさなかにいらしてくれた方への、さり気ない心遣いです。メントール成分の豊富なスペアミントや日本ハッカなどが効果的。特有のスーッとした香りとひんやりした感覚が火照った肌をクールダウンしてくれます。

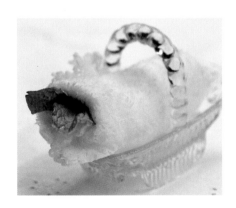

ミントのお手拭き

水で濡らして絞ったハンドタオルにミントをくるりと巻いて冷蔵庫で冷やしておきます。ミントの葉がない場合は、洗面器の水に精油を1滴垂らしてお手拭きを作っても。

ミントの香りでリフレッシュ

ミントの葉を揉んで香りをかぐだけでも爽快感やリフレッシュ効果が期待できます。また、ペパーミントやスペアミントの精油の香りを室内に漂わせておけば、暑さにぐったりの夏も爽やかに乗り切れます。庭仕事も頑張れそう！

品種のバリエーション

スペアミント

葉の先が少し尖った形のミント。精油はメントール成分が豊富で、ガムや歯磨き粉に用いられます。清涼感を求めたい時に適しています。

ペパーミント

スペアミントに比べ葉先が丸いタイプ。触れると強い香りを放ちます。コンパニオンプランツとして寄せ植えにされることも多い種類です。

ニホンハッカ

メントール成分を豊富に含む日本の自生種です。北海道では自生種をもとにした油分の含有量が多い改良品種があり、精油も人気です。

9月

SEPTEMBER

レンガ敷きのフォーマルガーデンを、
アジサイ'アナベル'の花房が彩ります。
緑褐色へと移ろう秋色の風情も魅力。

9月のガーデンフラワー

■ ルドベキア

花期:7〜10月　一年草、多年草
キク科オオハンゴウソウ（ルドベキア）属

庭植え&鉢植え

■ ニチニチソウ

花期:5〜11月　一年草
キョウチクトウ科ニチニチソウ属

庭植え&鉢植え

■ コレオプシス

花期:5〜10月　多年草
キク科ハルシャギク（コレオプシス）属

庭植え&鉢植え

■ キキョウ

花期:6〜10月　宿根草
キキョウ科キキョウ属

庭植え&鉢植え

■ ノゲイトウ

花期：5〜11月　一年草

ヒユ科ケイトウ(セロシア)属

庭植え&鉢植え

■ ブルーサルビア

花期：5〜10月　多年草

シソ科アキギリ(サルビア)属

庭植え&鉢植え

■ クレオメ

花期：7〜10月　一年草

フウチョウソウ科セイヨウフウチョウソウ(クレオメ)属

庭植え&鉢植え

■ ホトトギス

花期：8〜9月　宿根草

ユリ科ホトトギス属

庭植え&鉢植え

■ ガウラ

花期：5〜11月　多年草

アカバナ科ヤマモモソウ(ガウラ)属

庭植え&鉢植え

■ ベロニカ

花期：4〜11月(品種による)　多年草

オオバコ科クワガタソウ(ベロニカ)属

庭植え&鉢植え

■ ワレモコウ

花期：6〜9月　多年草

バラ科ワレモコウ属

庭植え

■ デュランタ

花期：6〜10月　常緑低木

クマツヅラ科ハリマツリ(デュランタ)属

庭植え&鉢植え

■ オキザリス

花期：4〜7月、9〜11月(品種による)

多年草(球根) カタバミ科カタバミ(オキザリス)属

ガーデンフラワー

9月の庭仕事

ひたすら暑かった夏が終わり、夏バテ気味だった植物たちは元気を取り戻して、再び庭に彩りが戻り始めます。サルビアやダリア、シュウメイギク、コスモス、センニチコウ、秋バラ、グラス類…。色を深める庭にうっとり癒やされる季節ではありますが、なすべき庭仕事も満載、かつ重要です。

この時期は、いわば来年の庭の仕込み時。秋まきの野菜や草花に加え、ハーブも種の播き時を迎えます。宿根草やバラの人気品種は早めに購入を。そして想像力を膨らませ、来年の庭の準備をしましょう。

- a. 水やりを夏仕様から秋仕様に
- b. 来年の庭の植栽計画を立てる
- c. 鉢植えや樹木の台風対策
- d. 秋バラを咲かせるための剪定
- e. クリスマスローズの苗を植える
- f. 冬野菜の種まきを始める
- g. 草花の種も播き時

a.

水やりを夏仕様から秋仕様に

鉢植えの植物は真夏と同じように頻繁に水やりをしていると、根腐れの原因になります。温度が低くなるにつれ、多くの植物は活動が緩慢になり、水を吸い上げる量も少なくなるからです。表土がしっかり乾いたことを確認してから水やりをしましょう。自動灌水機も夏仕様から秋仕様へ。1日2回に設定している場合は1回に変えましょう。

b.

来年の庭の植栽計画を立てる

秋は宿根草や春咲き球根（チューリップやヒヤシンスなど）、バラ苗、果樹苗の買い時、植え時です。ちょっと変わったものを入手したいなら、専門ナーセリーをのぞいてみましょう。宿根草やバラ、クレマチス、果樹など、それぞれのジャンルに特化したナーセリーがあり、通販で購入できるところもたくさんあります。珍しい品種、人気の植物は早期に"sold out"になってしまうので、早めに計画を立てましょう。

c.

鉢植えや樹木の台風対策

台風の季節です。暴風雨に備えて、草丈の高いものは茎が折れないようまとめて縛っておくとよいでしょう。鉢やハンギングも置き場所を見直して、飛ばされない場所へ移動しましょう。移動できない場合は、鉢を寄せ集めて縛っておきます。アーチやフェンスなどの構造物に誘引したつる植物も留め付け箇所を増やします。樹木も株元をチェック。この時期はカミキリムシの幼虫のテッポウムシが幹の中を食い荒らしていることがあります。弱った樹木は倒れやすいので、おがくずなどが出ていないか、ぐらつきがないかなどを確認し、必要なら支えをしたり、ロープをかけたりなどの対策を。

d.

秋バラを咲かせるための剪定

四季咲き性のバラの多くは、この時期に剪定すると約50日後に咲きます。日数を逆算すると、9月上旬〜中旬までが剪定のタイミング。順調に花茎が成長すれば、10月20日頃から11月上旬に年内最後の花が咲きます。秋に咲くバラは、春よりも小ぶりですが色が濃く、風情があります。

e.

クリスマスローズの苗を植える

宿根草のクリスマスローズは本格的に寒くなる前の9月下旬頃から植え付け、植え替えを始めましょう。鉢植えは2年に一度は植え替えを。その際は、根鉢をあまり崩さないように作業しましょう。開花は3月頃です。

f.

冬野菜の種まきを始める

家庭菜園を楽しんでいる人は、そろそろ冬野菜の準備を。ダイコンやラディッシュは9月中旬に、月末頃からはハクサイ、コマツナ、チンゲンサイ、カブ、スイスチャード、ホウレンソ

ウ、シュンギクなどの種まきができます。ホウレンソウの場合は、種を播く1週間前までに苦土石灰を土にまいてなじませておきましょう。

ホウレンソウや小カブは用土に直まきして栽培することができます（写真は小カブ）。

シュンギクの若葉。

シュンギクは草丈が20～25cmになったら、主枝を途中で折り取って収穫します。根元のわき芽が伸びたら折り取って、繰り返し収穫できます。

g.

草花の種も播き時

庭にかかるコストを抑えるなら、種まきをして自分で苗を作りましょう。ワスレナグサ、アグロステンマ、オルレア、リムナンテス、ロベリアなど、耐寒性の強い一年草や二年草は、9月中に播き終えましょう。種から育てると時間はかかりますが、経費は苗のおよそ1/10です。

種の播き方／3つの選択肢

直まき

植える場所に直接種を播く。

ポットまき

小さなビニールポットに播く。円柱状にした新聞紙などでも代用可能。

箱まき

育苗用の専用トレーや浅箱に播く。卵のパックなどでも代用可能。

「直まき」は、移植すると生育が悪くなるものに向いています。まっすぐ下に向かって根が伸びる「直根性」と呼ばれる植物は、小さな容器で育てると根が曲がって苗が傷むため、「箱まき」は向きません。種まき前に植物の特徴を確認しましょう。ポットや箱は仮に育てておく場所で、ある程度まで苗が育ったら移植、定植します。

種の播き方／3つの方法

筋まき

❶ 割り箸を表土にめりこませて深さ5～7mmくらいのスジ（筋）を作ります。

❷ スジに沿って種をパラパラと播きます。なるべく重ならないようにしますが、後で間引きながら育てていくので、あまり気にしなくて大丈夫。種に培養土をかけ、手のひらで押さえます。水やりは霧吹きで十分湿る程度に行い、日の当たる場所に置きます。このようにスジを作ってまっすぐ播く方法を「筋まき」といいます。バジルなど細かい種に向きます。

点まき

❶ 表土にペットボトルなどのキャップで丸いくぼみを作ります。

❷ くぼみの中に種を2～3粒播きます。後に間引いて生育のよい1本だけを残して育てます。このように数粒をまとめて播く方法を「点まき」といいます。トウモロコシやアサガオなど、比較的大きい種に向きます。

ばらまき

文字通り、種を「ばらまき」ます。クリスマスローズのような小さな種や、それよりもっと小さく粉のように細かいニコチアナやジギタリス、カンパニュラなどもこの方法が向いています。粉のような種は、コショウの空き容器に粒子の細かい砂と混ぜて、ふりかけるように播く方法もあります。

ばらまきで発芽したシソの新芽。

※種まきのコツはP.25参照。

高価なスパイス、サフランを自家採取

パエリアやブイヤベースに必須の香辛料「サフラン」。オレンジ色の細い糸状のサフランが、じつは秋咲きのクロッカスから採れることをご存じですか？ 主な生産国はイランですが、ギリシャやモロッコ、インド、スペイン、そして日本でも栽培され、世界中の人に愛されている希少なスパイスです。薬効もあり、少量なら自宅でも秋に採れるので、育てて使ってみましょう。

サフランの球根は、土に植え付けなくても開花するほど生命力が強く、丈夫。気軽に栽培をスタートできるので、ガーデニングデビューにはおすすめです。

世界一高価な香辛料サフラン

花に詳しい人なら、クロッカスと聞くと、早春に咲く球根花を思い浮かべることでしょう。そのクロッカスのなかでも、秋に咲く、学名 *Crocus sativus*（クロッカス・サティウス）の花からサフランが採取できるのです。サフランは、この淡い紫色の花の中心にある3本の雌しべを採取して乾燥させたものの名称ですが、日本では、サフランを採取する球根花自体もサフランと呼んでいます。1輪から3本しか採れない希少性と、収穫の非効率性から、世界一高価な香辛料として有名なのです。なお、同じ頃に開花するよく似た花にイヌサフランがありますが、雄しべは白っぽい色で、この花は有毒です。間違えないよう注意しましょう。

学名のクロッカスはサフランのギリシア語、krokos（糸の意）に由来。雌しべが長く糸状に伸びることにちなみます。

サフランの育て方ポイント

球根花のサフランは秋植えなので、店によっては夏～秋に出回ります。7月下旬頃から購入でき、価格の目安は、1球当たり80～100円（9月中旬をすぎるとセールになることも）。重量のある球根を選びましょう。植え付けの適期は、9月上旬～10月中旬で、10～12月に開花します。

小さなタマネギのような形の球根は直径4cm前後。根もあまり広がらないので小さなカゴに植えても花が咲き、雌しべを採取することができます。庭がなくても、ベランダやテラス、玄関アプローチなど、小さなスペースで育てることができるのは嬉しいですね。

花後、そのまま育てていると上部が自然に枯れてきます（写真は4月上旬）。このようになったら球根は休眠期に入るので、水やりはストップして掘り上げます。ネットなど蒸れない袋に入れ、直射日光が当たらない涼しい場所で保管し、生育期となる9月上旬頃から植え付けます。2年目の球根は小さく、花を咲かせる力がない場合も。毎年必ず花を咲かせたい場合は、新しい球根を足しながら、2年目の球根を育てましょう。

サフランを採取する方法

サフランを採取する農家では、まず花を摘み、その日のうちに雌しべを採りますが、花も楽しみたいガーデニングでは、雌しべだけを引き抜きます。花が開いた順に、あまり時間をおかず採取するのがポイント。

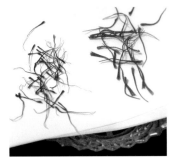

左が1日乾燥させたもの。右は採取したての雌しべ。オレンジ色が赤へと変化して、香辛料のサフランに。

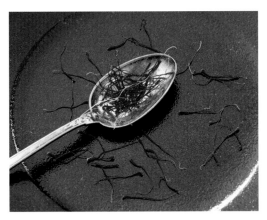

6球×80円＝480円ほどでスプーン1杯分が採取できました。球根のサイズによっては1球当たり2～3輪咲くので、1輪で3本の雌しべが採取できた場合、18輪咲けば54本にもなります。乾燥したら密閉できる容器に入れて、料理にお茶に活用を。

ドライフラワーで彩る
透明なジェルキャンドル

ジェルキャンドルはもちがよく、長時間炎が楽しめて、すすも出ません。

草花をロウの中に閉じ込めた「ボタニカルジェルキャンドル」。ジェルワックスという透明のロウを使うので、中に入れた花や実がクリアに見え、そのままインテリアとして飾っても素敵です。庭で咲いた花やプレゼントのブーケなど、大切な思い出をキャンドルとして残すことができます。

ボタニカルジェルキャンドルの作り方

花材／好みのドライフラワー
材料／ジェルワックス、耐熱グラス2つ（大と小で直径の差が1cmくらいのものが作りやすい）、キャンドル芯、割り箸、ピンセット、小鍋（注ぎ口があったほうが便利）、ハサミ

❶ 大小のグラスを重ね、グラスの隙間にピンセットで花材を挟み込みます。隙間が広すぎると花材を絵画的に配置することができないので、花材や器のサイズ選びも重要です。

❷ 割り箸にキャンドル芯を挟んで、グラスに渡してセットします。キャンドル芯の長さはハサミで切って調整しましょう。

❸ 小鍋にジェルワックスをちぎり入れて温めます。④の流し込み適温は100〜110℃。温度調節がしやすい加熱器なら引火の心配がなく便利。溶け始めは気泡がたくさん出るので、泡がなくなるまで完全に溶かします。熱しすぎて煙が出たら温度を下げます。

❹ 溶かしたジェルワックスを小のグラスに注ぎ入れます。できるだけゆっくり一定のスピードで。外側のグラスへ溢れ、2つのグラス全体がいっぱいになるまで注ぎ入れます。泡が出ても自然に消えるので、そのまま1時間ほど動かさずに固めます。

注意／器を2つ重ねる理由は、キャンドル芯と植物を完全に切り離すためです。植物が直に火に触れると引火しやすく、オイル成分を多く含む植物の場合は、予想以上に炎が大きくなることも。キャンドルに火をつけたら、目を離さず安全に留意して楽しみましょう。

〈食べる〉 バジル

自家採取のフレッシュリーフで 作る絶品バジルペースト

　料理が苦手、好きじゃない、手間暇かける余裕がない、という方にこそおすすめなのが、バジルペースト。イタリアでジェノベーゼソースとも呼ばれるこのペーストは、トーストに塗ってよし、パスタのソースにしてもよし。バジルの香りとオリーブオイルの風味が素晴らしく、キッチンに常備しておきたい魔法のペースト。これさえあれば、料理の腕は問いません。

　味の決め手は、自家栽培した採りたてバジルを使うこと。5〜7月に種を播くか苗を植え付けて、8〜9月に切り戻したら、1度目のペースト作りを。そして、わき芽が育った10月に年内最後の葉を収穫すれば2度目のペースト作りができます。たくさんの葉を育てて、絶品ペーストを作りましょう。

バジルの育て方ポイント

5〜6月	種まき (P.27参照)
6〜7月	苗の植え付け
8〜9月	花穂を摘み取るか切り戻す (P.63参照)
10月	わき芽が伸びたら年内最後の収穫

バジルペーストの作り方

材料／バジルの葉30g、ニンニク1片、くるみ3〜4個（その他のナッツ類でも可）、塩小さじ1/2、オリーブオイル60g、好みでパルメザンチーズ［出来上がりの目安／100g］

❶ 材料をすべてブレンダーかミキサーに投入し、スイッチを入れて撹拌します。

❷ ペースト状になったら、熱湯消毒したガラス瓶に入れてオリーブオイルを少量回しかけ、脱気処理（＊）をして冷蔵庫で保存します。

＊バジルを瓶に詰めたら軽くフタを閉め、沸騰した湯の中で15分ほど煮沸します。これを脱気処理といい、バジルの鮮やかな緑色が残ります。湯が瓶の中に入らないよう気をつけましょう。煮沸したら瓶を取り出し、フタをしっかり閉めて、逆さにして冷まします。

※小さじ1＝5㎖

アレンジレシピ

バジルチキンサンド

材料／鶏胸肉1枚、コンソメ2個、ベイリーフ1枚、パン、溶けるチーズ、塩・コショウ各少々、バジルペースト

❶ 鶏胸肉が浸る程度の水を鍋に入れ、コンソメ、ベイリーフを入れて沸騰したら火を止めます。

❷ 皮を取った鶏胸肉を①に入れ、蓋をしてそのまま2時間以上おくと、柔らかく火が通ります。

❸ 鶏皮は塩・コショウし、グリルで油を落としながら焦げ目がつくまで焼きます。

❹ ②と③を食べやすい大きさに切ってパンに挟み、バジルペースト、溶けるチーズをのせてトースターで焼きます。

ジェノベーゼパスタ

パスタを茹でて、バジルペーストを絡めるだけ。絶品ジェノベーゼパスタの完成です！

バジルチャーハン

ご飯にバジルペーストを絡めて炒めます。ベーコンや卵、トマトをのせると彩りも豊かになります。

10月

OCTOBER

ライラックに似た濃紫色のセイヨウフジウツギや、色とりどりのエキナセアに囲まれ、ガーデンベンチの足元で、愛犬がひと休み。

10月のガーデンフラワー

庭植え＆鉢植え

■ダリア

花期:6〜11月　多年草(球根)
キク科テンジクボタン(ダリア)属

庭植え＆鉢植え

■コスモス

花期:6〜11月　一年草
キク科コスモス属

庭植え

■キンモクセイ

花期:9〜10月　常緑中木
モクセイ科モクセイ属

庭植え＆鉢植え

■フジバカマ

花期:8〜10月　宿根草
キク科ヒヨドリバナ属

庭植え&鉢植え

■ **アスター**

花期：8〜11月　多年草

キク科シオン（アスター）属

庭植え

■ **カンナ**

花期：6〜10月　多年草（球根）

カンナ科ダンドク（カンナ）属

庭植え&鉢植え

■ **ペンタス**

花期：5〜10月　一年草

アカネ科クササンタンカ（ペンタス）属

庭植え&鉢植え

■ **ユーフォルビア**（ダイアモンドフロストなど）

花期：5〜1月　一年草

トウダイグサ科トウダイグサ（ユーフォルビア）属

庭植え&鉢植え

■ **ガーベラ**

花期：4〜5月、10〜11月　多年草

キク科ガーベラ属

庭植え&鉢植え

■ **アゲラタム**

花期：5〜11月　一年草

キク科カッコウアザミ（アゲラタム）属

庭植え&鉢植え

■ **センニチコウ**

花期：5〜11月　一年草

ヒユ科センニチコウ（ゴンフレナ）属

鉢植え

■ **ルリマツリ**

花期：5〜11月　常緑低木

イソマツ科ルリマツリ（プルンバゴ）属

鉢植え

■ **ブーゲンビレア**

花期：4〜5月、10〜11月　常緑つる植物

オシロイバナ科イカダカズラ（ブーゲンビレア）属

10月の庭仕事

朝夕の涼しさに、ホッとする時期。日差しは穏やかで、吹く風も爽やか。花や野菜の世話をしながら屋外で身体を動かすのがとても心地よい季節です。庭の草花や樹木は、もう冬に休む準備を始めたり、早春に向けて育つ準備を整えたりしています。さあ、今月もいろいろな庭仕事を楽しみましょう。

b.

秋バラの開花シーズン

秋に開花した'パット・オースチン'。

四季咲き性のバラは、10月中旬から11月上旬にかけて、今年最後の花がポツポツと咲き始めます。各地のバラ園でも、秋バラが見頃に。四季咲き性が強い品種を見つけに出かけましょう。バラ苗を扱う専門店では、そろそろ販売がスタートするので、気になる品種をチェックしましょう。

c.

株分け＆移植＆植物の手入れ

ギボウシやフウチソウ、ルドベキア、シュウメイギクなど、夏から活躍してくれた宿根草を整理しましょう。地上部が枯れてきたものは地際からカットし、大株になっていたら株分けをしましょう。株分けとは、根ごと掘り起こし、いくつかに分割して、植え替える作業です。宿根草、常緑樹も移植できる時期。本格的な冬を迎える前にこれらの作業を終えることで、来春にはある程度根が張り、順調に成長してくれます。

a.

秋まき植物の種まき

9月に引き続き、10月も秋まきの野菜や草花がたくさん。今月種まきができる植物を挙げてみました。
播き時の野菜
ビーツ、シュンギク、ホウレンソウ、リーフレタスなど
播き時のハーブ
タイム、パクチー、カモミール、チャイブなど
播き時の草花
ペチュニア、ニゲラ、カンパニュラ、ジギタリスなど

d.

柑橘類など果実の収穫時期

レモンやユズの仲間は橙や黄色に色づき、収穫のシーズン。園芸店では苗木が並び始めます。ほかにも、イチジクやカキ、ザクロ、ブドウ、キウイフルーツ、アケビなども収穫と苗木の植え時を迎えます。庭に実る果樹が欲しい人は、今月は園芸店で苗木を探すのもおすすめです。

e.

球根の植え時

チューリップやスイセン、ヒヤシンス、ムスカリなど早春に花が咲く秋植え球根の植え時です。10月中旬以降、街路樹の紅葉が始まって、十分寒くなってから植え付けましょう。

f.

青いトマトをヌカ漬けにする

家庭菜園ではトマトが実り続けていますが、朝夕の気温が下がってくると、次第に赤くなることができなくなります。でも、捨ててしまうのはもったいない。青いトマトは半分に切ってヌカ漬けにしましょう。3〜4日でえぐみが抜け、ちょっと酸味のある美味しい漬物になります。

球根の植え方（鉢植えの場合）

❶ 鉢底石の上に、用土をたっぷり入れます。球根はすでに栄養を蓄えているので、用土のブレンドに特にこだわる必要はありません。排水性があればOKです。

❷ 球根の頭を上にして、土の上に並べます。植え付ける深さは種類によって異なるので、球根袋の説明をよく読みましょう。土は鉢の縁から10cmほど下までが目安。

❸ 複数の球根を一鉢に植え付ける場合は、開花期を意識してセレクト。チューリップは品種によって2カ月近い差があるので開花期を揃えたり差をつけたりして楽しめます。

❹ 球根がすっぽり隠れるように土を均一に入れたら、最後にたっぷり水を与えて植え付け完了！ 日が当たる場所に置き、芽が出る日を楽しみに見守りましょう。冬場は乾きが遅いので、水やりは1週間に1回程度を目安に、表土が乾いてから。土中では根や芽

が伸びるために水を欲していますが、与えすぎて、土がいつも湿ったままというのも球根にはよくありません。適度な水やりが、球根栽培の成功の秘訣。

---

g.

シソの実の塩漬けを作る

10月になると、シソは花穂を伸ばし、種をつけ始めます。収穫して、シソの実の塩漬けを作っておくと、いつまでも香りが楽しめます。

シソの実の塩漬けの作り方

花穂を収穫し、シソの実を軸から外して洗います。熱湯で1分ほど茹でてアクを抜き、ザルに上げます。キッチンペーパーで水気を取ったら天然塩を振り、よく混ぜます。梅酢を小さじ1〜2ほど加えるとシソの実の変色を防ぎ、保存性も高まります。煮沸消毒した容器に入れて、冷蔵庫で保存しましょう。1カ月ほどすると塩辛さの角が取れて、風味も増します。炊きたてのご飯に混ぜたり、冷や奴の薬味にしたりして楽しみましょう。

※小さじ1＝5㎖

庭仕事

おうちでベリーを育てよう！

甘酸っぱく、野生味溢れる香りに加え、宝石のように美しい色。魅力的なベリー類ですが、なかには傷みやすいため店頭ではあまり見かけないものも。育てた人だけの特権、完熟果実を味わえる、庭で育てやすいベリーを紹介します。

丈夫で育てやすいレッドカラント

房状に連なる赤い実が可愛いレッドカラント。熱を加えると、色も香りも鮮やかに。甘みは少ないので砂糖を入れてジャムやソースにするのがおすすめ（P.51参照）。病害虫の心配もほとんどなく、日当たりさえよければ丈夫に育ちます。耐寒性は強い反面、暑さにはやや弱いので冷涼地に向きます。

特徴／樹高1〜1.5m、収穫期6〜7月、庭植え・鉢植え可、木立ち性

ベリー類の栽培の基本

定植・植え替え・移植
10〜3月までが適期です。鉢植えは2〜3年に一度、根詰まりを防ぐために植え替えましょう。日当たりのよい場所が条件。

剪定
基本的にどのベリーも、古くなった枝、枯れて灰色になった枝、内側に向かって伸びたり混み合っている枝を冬に地際から切り、若々しい枝を残す、と覚えておけばOK。

肥料
冬季と開花後、収穫後に有機質肥料を施します。

苗の植え時になると、園芸店ではいろいろなベリーの苗木が並びます。右はレッドカラント。

ブルーベリー栽培のコツは2品種以上と酸性土

ほとんどのベリー類は1品種だけでOKですが、ブルーベリーは2品種以上を一緒に育てると実つきがよくなります。もう一つの栽培のコツは、土。多くの植物は中性〜弱酸性を好みますが、ブルーベリーは酸性に調整します。用土にピートモスを混ぜるか、専用土を用いるとよいでしょう。

特徴／樹高1m前後（品種による）、収穫期6〜8月（品種による）、庭植え・鉢植え可、木立ち性

フェンスやアーチで育てたいつる性のブラックベリー

つる性のブラックベリーはアーチやフェンスに枝を留めつけながら育てます。果実が赤から黒になって、手で簡単にポロッと採れる頃が摘み時。甘酸っぱく、火を入れることで香りも味も濃厚に。同じキイチゴ科のラズベリーは、枝が暴れやすく、実つきもブラックベリーより劣ります。

特徴／つるの長さ1.5〜5m前後（品種による）、収穫期6〜8月（品種による）、庭植え・鉢植え可、つる性

春には野バラによく似た可愛らしい花をたくさん咲かせます。

真っ赤で酸っぱいサワーチェリー

サワーチェリーは調理用のサクランボ。果肉は中までしっかり赤く、加熱しても色が変わらないので、ルビーのような赤いソースができます。生食用のサクランボに比べ、樹姿はコンパクト。1本でも自家受粉して実り、病害虫にも強いのが魅力です。

特徴／樹高3m前後、収穫期6〜7月、庭植え・鉢植え可、木立ち性

果実は雨に当たると割れやすいので、タイミングを見て摘み、
冷凍するかジャムやソースに加工するといいでしょう。

甘い果実は野鳥も大好き

ここで紹介した果実は病害虫の心配は少ない丈夫な種類ですが、鳥害だけは例外。完熟果実は鳥たちも大好物で、早朝からやってきてあっという間に食べ尽くすことも。果実がふくらみ始めたらネットをかけて防護しましょう。

赤い宝石ザクロの濃厚シロップ

健康や美容への効能が注目を浴びているザクロ。ジュースやサプリのほか、ザクロの成分を配合した化粧水や美容液も登場しています。

市場に出回る果実はとても高価ですが、昔は軒先にも植えられていたホームフルーツの代表でした。自分で育てれば、ザクロパワーも実感し放題。美味しく食べて、健康維持に役立てましょう。

ザクロの育て方ポイント

ザクロは病害虫の心配が少なく、耐暑性、耐寒性どちらにも優れ、初心者にも育てやすい果樹。自家結実性があるので、1本で実をつけます。別種に観賞用の花ザクロがあります。花芽は前年の8月にでき、開花まで一年かかります。花芽を切り落とさないように注意。果実は9〜11月上旬に収穫を。

ザクロの実の保存方法

生で食べると酸味と甘みのバランスがよく、プチプチとした食感も楽しい果実。サラダやスイーツにトッピングすると美味しいアクセントになります。果皮をむかなければ長期保存が可能。冷蔵なら2〜3カ月、実を取り出したら1週間程度、それ以上保存したい場合には冷凍します。

濃厚ザクロシロップの作り方

材料／ザクロの実、氷砂糖

❶ ザクロの実の重量の70％くらいの氷砂糖を準備し、煮沸消毒した保存容器にザクロの実と交互に詰めます。

❷ 密封して室温で保存します。日が経つと氷砂糖が溶け、ザクロの赤いエキスが染み出し、2週間ほどでシロップが完成。

シロップの保存法／冷蔵保存で2カ月程度。冷凍すれば色や味も劣化しません。

アレンジレシピ

ザクロのノンアルコールカクテル「シャーリーテンプル」

1933年、アメリカで禁酒法が廃止になった際に、親と子が一緒に楽しめるよう考えられたノンアルコールカクテルです。オレンジやレモンの皮を飾ると本格的。

材料／ザクロシロップ20㎖（大さじ2弱）、
ジンジャーエール130㎖、レモンひと絞り

作り方／氷を入れたグラスにザクロシロップとジンジャーエールを注ぎ、仕上げにレモンを絞って完成。そっと混ぜてから飲みます。好みでザクロの実を浮かべても。

ザクロドレッシングの鮮やかサラダ

オレンジと生ハムの色鮮やかなサラダです。ナッツやザクロの実を散らして食感にアクセントをつけましょう。

材料／グリーンリーフ、オレンジ、生ハム、ナッツ類、ザクロの実、ザクロドレッシング（ザクロシロップ大さじ2、酢大さじ1、オイル小さじ1、醤油小さじ1、塩・コショウ各少々をよく混ぜる）

作り方／グリーンリーフにオレンジと生ハムをのせます。ナッツとザクロの実を散らして、ザクロドレッシングを回しかけます。

※大さじ1＝15㎖、小さじ1＝5㎖

11月

NOVEMBER

真っ赤に色づいたローズヒップと黄葉でリースを作りましょう。植え時を迎えるチューリップの球根も並べて。

11月のガーデンフラワー

庭植え＆鉢植え
- **シュウメイギク**
  花期：8〜11月　宿根草
  キンポウゲ科イチリンソウ（アネモネ）属

庭植え＆鉢植え
- **チョコレートコスモス**
  花期：6〜11月　多年草（球根）
  キク科コスモス属

庭植え＆鉢植え
- **パンジー＆ビオラ**
  花期：11〜5月　一年草
  スミレ科スミレ属

庭植え＆鉢植え
- **サフラン**
  花期：10〜12月　多年草（球根）
  アヤメ科サフラン（クロッカス）属

庭植え&鉢植え

■ アメジストセージ

花期：8〜11月　常緑低木

シソ科アキギリ（サルビア）属

庭植え&鉢植え

■ ジニア

花期：5〜11月　一年草

キク科ヒャクニチソウ（ジニア）属

庭植え&鉢植え

■ キク

花期：10〜11月　多年草

キク科キク属

庭植え&鉢植え

■ ダイヤモンドリリー

花期：10〜12月　多年草（球根）

ヒガンバナ科ヒメヒガンバナ（ネリネ）属

庭植え&鉢植え

■ バコパ

花期：1〜6月、9〜12月　多年草

オオバコ科スーテラ属

鉢植え

■ シコンノボタン

花期：7〜11月　常緑低木

ノボタン科シコンノボタン属

庭植え

■ サザンカ

花期：10〜12月　常緑中高木

ツバキ科ツバキ（カメリア）属

庭植え

■ コウテイダリア

花期：11〜12月　多年草（球根）

キク科テンジクボタン（ダリア）属

庭植え

■ イチゴノキ

花期：11〜12月　常緑低木

ツツジ科イチゴノキ属

ガーデンフラワー

11月の庭仕事

　晩秋は、来春に向けてさまざまな作業を始める季節です。枯れた枝葉を切り取ったり、落ち葉を集めて捨てたり。庭の掃除もこの時期の大切な作業です。屋外作業は、寒さ対策を万全に。また、日没が早いので、明るいうちに庭仕事が完了するよう、計画的に行いましょう。

a. 落ち葉の掃除
b. バラの植え付け&植え替え
c. ローズヒップの収穫
d. 土作り
e. 冬咲く花苗の購入

購入時、鉢に植え込まれた大苗（右）は春の開花までこのまま育てることができますが、ロングポット苗（中央）や裸苗（左）は、植え付けが必要。

a.

落ち葉の掃除

芝生の上に降り積もった落ち葉を集めるなら、熊手やガーデンレーキを。掃き取りにくい場所は、ブロアーを使うと効率よく掃除ができます。

b.

バラの植え付け&植え替え

バラの苗が流通する時期です。新しく買った苗は、2月までに庭や鉢に植え付けましょう。鉢植えで育てている株は根鉢を抜き、古い土を軽く取って、同じ鉢か一回り大きい鉢に植え替えをしましょう。植え替えは年内が理想的です。

植え付けの場合／ロングポットの苗は仮植えの状態なので、根鉢は崩さず、6〜7号鉢に植え付けます。

植え替えの場合／鉢植えのバラは生育不良を改善するため、植え替えます。根鉢を取り出し、表土や側面、底面の古い土を根かきで崩します。新しい土を入れて植え替え、水やりをしたら寒風が当たらない日だまりに置き、春を待ちましょう。

c.

ローズヒップの収穫

ローズヒップ（バラの実）の収穫をしましょう。スワッグにしたり、リースにして飾ったり。束ねて置くだけでも絵になります。お茶などにできるのは、ロサ・カニナ（ドッグ・ローズ）やロサ・ルゴサなど。中の種と繊毛は、ていねいに取り除きましょう。残っているとお腹をこわすことがあります。

日本に自生するハマナス（ロサ・ルゴサ）の白花種ロサ・ルゴサ'アルバ'の実は大きく、果肉は食用にもなります。

d.

土作り

庭や菜園の隅に積み重ねておいた雑草の山（P.39参照）も、一部は発酵して堆肥化した頃（写真下左）。下方で黒々と色が変わっているものは、花壇や菜園の土に混ぜ込みます。残った雑草の山は、下のものは上へ、上のものは下へと天地返しをしておきましょう（写真下右）。

e.

冬咲く花苗の購入

ビオラやパンジー、ガーデンシクラメンなど、春まで楽しめる冬咲きの苗が園芸店に並び始めます。毎年新品種が登場する個人育種家の苗は、数が限られている場合が多く、早く売り切れてしまいます。お気に入りの花を見つけたら、早めに入手しましょう。

ローズヒップのバリエーション

ローズヒップの形は、球形や細長いもの、洋ナシ形、表面にトゲがあるものなど、さまざま。大きさは、直径5mm程度から3cmを超えるものまで。色も黄色、オレンジ、赤と変化するものや、黄色のままで終わるもの、最初から赤く色づくものなど多彩です。小さなローズヒップは野鳥の餌になるので、バードウォッチングを楽しみたい方にはおすすめ。なお、ハイブリッド・ルゴサ系（ハマナスの交配種）やハイブリッド・スピノシッシマ系（スコッチ・ローズ）のように、夏前に色づき、秋にはすでに落果しているものもあります。

ビオラ&パンジーの
バスケット植え

　本格的な冬を前に、園芸店では
ビオラの苗が色とりどりに並びま
す。一年草のビオラ&パンジーは、
晩秋からバラが咲く頃まで咲き続
ける、冬のガーデンの救世主。寒空
の下でも花開く丈夫な性質で、極小
輪や豪華なフリル咲きなど、サイズ
や形も多彩。種苗店や個人育種家
が作った、その年イチ押しの花のな
かからお気に入りを選び、バスケッ
トで育てましょう。

ビオラ&パンジーのバスケット植えの作り方

花材／ビオラ&パンジー数種
材料／藤や柳で編んだバスケット、透水性の中敷き（粗めの麻布や土嚢袋など）、
　　　培養土、肥料

バスケットの網目から水が抜けるよう、透水性のあるものを内側に敷いて器にします。手に入りやすい麻布や不織布のほか、土嚢袋を切り開いて利用してもよいでしょう。ビニールを使う場合は、目打ちなどで数カ所穴をあけます。

❶ 土嚢袋や麻布をバスケットのサイズに合わせて切り、中に敷きます。

❷ バスケットに培養土を少し入れ、元肥を規定量混ぜておきます。

❸ 苗をポットから抜き、根が回っていたら根かきで側面の根をかき取ります。

❹ 苗を植え込んだら土を足します。箸や指で土を突きながら隙間なく入れます。

❺ 上面や側面に水をたっぷりやって完成。3～4日に一度、水やりを。

持ち運びに便利なバスケット植え

バスケットは大きさも形もさまざまで、幅25cmなら3～4苗植えることができます。オレンジ&白、ブルーの濃淡、ピンクと紫のコンビなど、花色のコーディネートを楽しみましょう。取っ手がついたバスケットは、日向に移動したり、ディスプレイを変更したり、手軽に持ち運べるのが魅力。持ち上げた時に軽いと感じたら、水やりのサインです。

育てる

〈飾る〉 ビオラ、アリッサム、スキミアなど

ワインと花の寄せ植えギフト

来月は、クリスマスに年の瀬。プレゼントを贈り、贈られる楽しい季節が近づいています。でも、品物選びって、結構悩みますよね。相手に喜ばれることはもちろん、人とかぶらず、しかもセンスの光るものとなるとなかなか難しい…。

ちょっとときめく特別感を求めている方におすすめなのが、「ワインと花の寄せ植え」。来春まで嬉しさが続くおしゃれなプレゼントです。

花選びのコツ

寄せ植えた花は、冬から春にかけて次々に花を咲かせるビオラやスイートアリッサム、スキミアなど。合わせたワインはボジョレーヌーボー。選んだ花は、このワインの色に合わせて赤やピンクで揃えました。ボジョレーにこだわらず、好きな白ワインやスパークリングワインに、白い花やシルバーリーフを組み合わせても素敵です。

寄せ植えの作り方

花材／ワイン色のビオラ3種、スイートアリッサム'パステル'、ロータス'ブリムストーン'、
スキミア'ホワイトドワーフ'、セリ・ピンクバリエガータ

材料／バスケット（ビニールを張り、排水用の小さな穴をあける）、培養土、ワイン

作り方　❶ バスケットの底に3〜4cmほど土を入れる。　❷ ワインを倒して配置し、周囲に苗をバランスよく置き、隙間に土を入れる。

寄せ植えに使った植物＆特徴

左から
ビオラ'ルビーももか'
見元園芸 ビオラ'ハイジのメロディー'
うえたコレクション パンジー'天の羽衣'

ワインカラーのビオラ

晩秋から春まで次々に咲きます。よく日が当たり、適度に風の通る場所なら、水やりだけで苦労なく育つ一年草。寒い時期は生育が遅いので花もちもよく、こまめに花殻を摘めば、5月の連休頃まで十分楽しめます。花言葉は「誠実」や「信頼」でプレゼントにぴったり。草丈10〜20cm。

スイートアリッサム'パステル'

花径2〜3mmの小花が寒い時期も株いっぱいに咲く一年草。ふわふわと優しい雰囲気が魅力。春が近づくと生育が盛んになり、もこもこと茂ります。株が乱れてきたら、茎の長さの1/3程度を残して切り戻すと再び返り咲き、きれいな形が保てます。草丈5〜20cm。

ロータス'ブリムストーン'

白く柔らかな繊毛で覆われた小さな葉が可愛い宿根草。常緑で冬もきれいに茂ります。葉先がクリーム色になり、早春の芽吹きの頃には全体がクリーム色に。伸びすぎたら適度に切って整えます。草丈5〜60cm。

スキミア'ホワイトドワーフ'

ミカン科の常緑低木。生育がゆっくりで半日陰を好みます。秋から冬はプチプチとしたつぼみの状態ですが、春以降は白〜淡桃色の花が。寄せ植えで楽しんだあとは、地植えや鉢に植え替えを。樹高20〜50cm。

セリ・ピンクバリエガータ

多年草のセリの園芸種で、葉の縁が白〜ピンクになります。低く横に広がるので、寄せ植えに重宝します。寒い時期はピンクが強く出るので、季節で花の組み合わせを変えるとよいでしょう。草丈10〜30cm。

引っ越しや結婚のお祝いにもふさわしい「鉢植えの花」

ブーケはよく贈り物に使われますが、引越しや結婚のお祝いには「鉢植え」の花もぴったり。というのも、「根つき」の花は「幸せが根づく」といわれ、お祝いのシーンにふさわしいとされています。しかも、寄せ植えなら誰ともかぶる心配がなく、成長していく過程も楽しめます。きっと花の手入れをするたびに、あなたを思い出してくれることでしょう。花にあまり詳しくない人には、ぜひ花の名前と日々の手入れを書いたカードを添えて。贈られた人がガーデンライフを始めるきっかけになるかもしれません。

飾る

バラの恵みで体をいたわる

晩秋の庭は花が少なくなりますが、ローズヒップの鮮やかな赤やオレンジ色が明るく彩ってくれるのは嬉しいもの。日に日に気温が下がり始めると、人の体温も低くなり、抵抗力が落ちるといわれています。肌も乾燥しがちでカサカサしたり、小じわができたり…悩みも増えます。

そんな季節に、バラはローズヒップという自然の恵みを用意してくれました。ビタミンCたっぷりのローズヒップティーや、さまざまな効能が得られるスパイスティーで冷えた体をいたわりながら、庭の手入れも頑張りましょう。

ローズヒップのハチミツ漬けの作り方

ローズヒップは、野生種のバラやオールドローズ、現代バラなら樹勢の強い品種を。もちろん無農薬で育てたバラに限ります。寒くなるにつれ徐々に硬くなるので、みずみずしいうちに採取しましょう。表面がつるんとした2cm以上の大きい果実で、中の種と繊毛をきれいに取り除けるタイプが扱いやすくおすすめです。

材料／ローズヒップ、ハチミツ（ローズヒップが浸かる程度）

'アルティシモ'のローズヒップはとても大きい。花は約8cmの一重で四季咲き性。実をつけても樹勢が弱くならないつる性の現代バラ。

❶ 実を半分に切り、びっしり詰まった種と白い繊毛をきれいに取り除きます。

'ペネロペ'のローズヒップの種と繊毛を取り除いた状態。

❷ ローズヒップを瓶に入れ、ハチミツを注ぎます。約2週間で出来上がり。生のまま漬けるので、少し硬めの仕上がりです。

柔らかめが好みの場合は、①の後、スライスやみじん切りにして約20分煮てからハチミツに漬けます（少し硬さは残ります）。

基本のローズヒップティー

種を取り除いて小さくカットした小さじ1/2ほどのローズヒップをカップへ。上から熱湯を注げば、あっという間にビタミンCたっぷりのローズヒップティーの出来上がり。シナモンやショウガなどのスパイスを加えても美味しい。たくさん収穫できたら、刻んでドライにし、保存容器に。乾燥剤を入れておけば、約1年間は美味しく飲めます。

注意／食用に適さない種類もあります。また緩下作用があるので、アレルギーのある方や妊婦、小児、高齢者の方は摂取量に十分気をつけてください。

※小さじ1＝5㎖

ローズヒップの採取が終わったら本格的な冬の到来

ローズヒップのレシピは、「日本ローズライフコーディネーター協会」代表、元木はるみさんから。冬のバラの手入れを本格的にスタートする前に毎年作る保存食とのこと。「ロザリアンにとって、バラは見るだけでなく、その香りも味も、すべてを楽しみたいもの。食用にできるロー

ズヒップは庭に3種類あります。しっかり膨らんだ実を採取するのも楽しいですよ。他では売っていないオリジナルのハチミツ漬けは、紅茶やヨーグルトに添えていただきます。花好きの友だちとのお茶の時間やリラックスタイムに、ぜひローズヒップでビタミンを補給してください」

12月

DECEMBER

バラの花にヒイラギの実、針葉樹の葉、マツ
ボックリ…霜をまとったクリスマスのブーケ
は、冬の朝だけに見られる特別な美しさです。

12 月のガーデンフラワー

鉢植え

■ ポインセチア

花期:12〜2月　常緑低木

トウダイグサ科トウダイグサ(ユーフォルビア)属

庭植え&鉢植え

■ カレンデュラ

花期:12〜5月　一年草、多年草

キク科キンセンカ(カレンデュラ)属

庭植え&鉢植え

■ ガーデンシクラメン

花期:10〜3月　多年草(球根)

サクラソウ科シクラメン属

庭植え&鉢植え

■ ツワブキ

花期:10〜12月　多年草

キク科ツワブキ属

庭植え&鉢植え

■ ギョリュウバイ

花期:12〜4月　常緑低木

フトモモ科レプトスペルマム属

庭植え&鉢植え

■ ブルーデージー

花期:3〜5月、10〜12月　多年草

キク科ルリヒナギク(フェリシア)属

庭植え&鉢植え

■ ノースポール

花期:12〜5月　一年草

キク科フランスギク(レウカンセマム)属

庭植え&鉢植え

■ ジャノメエリカ

花期:12〜4月　常緑低木

ツツジ科エリカ属

鉢植え

■ フランネルフラワー

花期:9〜12月、4〜6月　多年草

セリ科アクチノータス属

12月の庭仕事

冬は花が少なくなり、庭仕事もちょっとひと息。でも、クリスマスや年越しに向けて、庭の素材で飾りを作ったり、来年のためにバラの誘引をしたり、早目に終わらせたい仕事がいくつか待っています。屋外での作業時は、寒さ対策を万全に。

a. 庭やベランダをライトアップ
b. バラの剪定&誘引
c. 防寒対策
d. コニファー類の剪定

a.

庭やベランダをライトアップ

自分で手軽に設置できる屋外用ライトが増えています。日中は太陽光で充電し、暗くなると自動で点灯するものや、雪の模様を壁に投影できる小型のプロジェクターなど、用途もタイプもいろいろ。LEDなら植物を傷めないので、庭やエントランス、ベランダで光の演出を楽しみましょう。

b.

バラの剪定&誘引

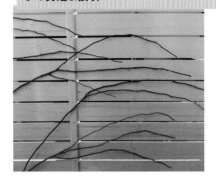

つるバラは、構造物に留めている紐などを外して、古い枝や枯れた枝を切り、仕立て直しましょう。枝は水平に誘引すると、花をたくさん咲かせます。遅くても1月中に終わらせましょう。鉢植えのバラの剪定は、2月中に。

c.

防寒対策

地面が凍りついて霜柱ができると、植物の根が持ち上がって切れてしまうことも。霜柱対策には、ウッドチップや腐葉土などを表土に敷くマルチングが効果的。寒さと風から守るには、植物の周囲に支柱を立て、不織布などで覆うのもよいでしょう。

耐寒温度−10〜0℃程度の植物／暖地なら屋外でも越冬できます。
耐寒温度3〜5℃程度の植物／寒さに少し弱いので、寒さ対策をします。
耐寒温度8℃以上の植物／特に寒さに弱いので、室内か温室を利用します。

d.

コニファー類の剪定

コニファー類の剪定をします。剪定で出た枝はクリスマスのリースやスワッグ、ツリー風アレンジ（P.114参照）に使いましょう。極端に短く切り詰めてしまうと、先祖返りをして性質が変わってしまうことがあるので、毎年少しずつ剪定を。幹周りに残っている枝葉を取り除いておくと、春以降の虫の被害を防除することにもなります。

〈育てる〉 ビオラ、アリッサム、ガーデンシクラメンなど

春待つ冬の寄せ植え作り

　12月から年明けにかけては、クリスマスや新年を迎えるために、いつもと雰囲気を変えたいという気分が高まる時期です。他の季節と比べて草花のバリエーションは減りますが、ビビッドな花を選んだり葉色を生かして組み合わせれば、華やかな一鉢になります。今植え付けておけば、3月いっぱいまで長く楽しめるのも魅力です。

クリスマスやお正月にぴったり！ 赤い寄せ植え

冬に咲く赤い花を集めた寄せ植えは、温かみがあってクリスマスやお正月にもぴったり。品種の多いビオラは、赤色だけでもたくさんのバリエーションがあります。写真のように複数品種を混ぜるとリズム感が出て目を楽しませてくれるでしょう。鉢縁から枝垂れて伸びる葉はルブス。ナワシロイチゴとも呼ばれ、這って伸びる

常緑低木で、冬は寒さでチョコレート色に紅葉します。こうした這い性タイプの植物は、寄せ植えに有機的なラインを添え、繊細な美しさをプラスしてくれます。

……………………………………

花材／ビオラ、チェッカーベリー、アリッサム、スキミアなど

冬から春へ花のスイッチでサプライズ

12月中旬 → 3月中旬

ストックやキンギョソウなど縦のラインが強調される花は後方へ配し、手前にはこんもり茂るビオラと這って伸びるアリッサムを。ほかの花より花期が短いストックやキンギョソウは、春にはチューリップと交代するよう球根を仕込んであります。

花材／ビオラ、ストック、アリッサム、ネメシア、カルーナ、キンギョソウ、チューリップなど

多品種ビオラで作るブルーグラデーション

12月中旬 → 3月中旬

ビオラは、毎年新しい品種が次々に登場する一年草です。この鉢にはブルー系のビオラを5品種以上植えていますが、冬と春とでは花数はもちろん花色にも微妙な変化が表れます。アクセントに黒系のカラーリーフを添えて。

花材／ビオラ、アリッサム、チューリップ、コロキア・コトネアスター、ハボタンなど

冬の庭を明るくするキャンディカラー

ガーデンシクラメンは屋外向きに改良された小型のシクラメンです。とはいえ、霜や雪には弱いので、軒下に鉢を置くなどして楽しみましょう。カルーナなど冬でも旺盛に茂る花と一緒に植えておくと、ガーデンシクラメンがしおれてしまっても、目立ちません。

花材／ガーデンシクラメン、カルーナ、クロウエア、ビデンス、ダールベルグデージーなど

10月下旬 → 12月中旬

〈飾る〉針葉樹

フレッシュグリーンの
ツリー風アレンジ

クリスマスが近づいてきました。一年の最後を楽しく過ごせるように、針葉樹の枝を使って大人っぽく、ナチュラルなツリーを作りましょう。花店で手に入るヒムロスギやコニファーなどの針葉樹を何種類か混ぜると、なんだか森のなかの木立のような雰囲気。庭木を切って使うのもいいでしょう。

枝を切り、ツリーの形を整えていく間もグリーンのアロマが辺りに漂って、癒やしのひと時に。

ツリー風アレンジの作り方

花材／ヒムロスギ2本、
コニファー'ブルーバード'1本、コノテヒバ1本
（枝ぶりによって本数を調整してください）

材料／土台となる器、ビニール袋、吸水性スポンジ、
オーナメントやライトなどの飾り

ヒムロスギ　　コニファー'ブルーバード'　　コノテヒバ

❶ 土台になる器に吸水性スポンジをセット

使用した器は、木の皮をバウムクーヘンのように巻いた木製。吸水性スポンジに含ませた水が染み出ないように、ビニール袋に入れてセットします。器は、ナチュラルなイメージのカゴなども似合います。

**❷ ツリーをイメージして
円錐形になるように挿す**

中心となる枝を選び、吸水性スポンジの中央に立てます。写真は先端がきれいなコニファー'ブルーバード'をメインにしています。高さは器の2〜2.5倍くらいに。飾るスペースによっては、高くスラリとしたツリーにしてもよいでしょう。

**❸ 一番下になる枝を横に挿し
二等辺三角形を意識**

器の直径が大きめだと、正面からツリーを見たときに正三角形になり、小さめだと、背が高くスラリとした二等辺三角形に仕上がります。ツリーの一番下になる枝は、器の縁に沿ってテーブルに平行、またはやや下がり気味に入れて、器とツリーが分離して（浮き上がって）見えないようにします。

❹ ツリーの形をイメージして間に枝を挿す

高さと底面が決まったら、3種類の枝をまんべんなく円錐形になるように挿していきます。器をぐるぐる回しながら入れていくと、立体的に仕上がります。

❺ オーナメントやマツボックリなどを飾って完成

ツリーのグリーンは次第にドライになりますが、生き生きとした色を保ちたい場合は、吸水性スポンジに水を補充して、枝に霧吹きをかけてください。

左ページのように器をバスケットにしたり、ライトをプラスしたり、オーナメントを変えたり。フレッシュグリーンの香りを楽しみながら、毎年新しいツリー作りにチャレンジしましょう。

飾る

1月

JANUARY

早春、真っ先に花開く、雪の欠片のような
純白のスノードロップ。湿らせた苔でくるん
でグラスに入れれば、室内でも楽しめます。

1月のガーデンフラワー

庭植え＆鉢植え

■ スイセン

花期：11〜4月　多年草（球根）

ヒガンバナ科スイセン（ナルキッスス）属

庭植え＆鉢植え

■ プリムラ・マラコイデス

花期：1〜4月　一年草

サクラソウ科サクラソウ（プリムラ）属

庭植え＆鉢植え

■ クリスマスローズ

花期：1〜3月　多年草

キンポウゲ科クリスマスローズ（ヘレボルス）属

庭植え＆鉢植え

■ ツバキ

花期：12〜4月　常緑高木

ツバキ科ツバキ（カメリア）属

庭植え＆鉢植え

■ デージー

花期：12〜5月　一年草

キク科ヒナギク属

庭植え＆鉢植え

■ キンギョソウ

花期：ほぼ周年　多年草

オオバコ科キンギョソウ（アンティリナム）属

庭植え＆鉢植え

■ マーガレット

花期：11〜5月　常緑低木

キク科モクシュンギク（アルギランセマム）属

庭植え＆鉢植え

■ ネメシア

花期：10〜6月　一年草、多年草

ゴマノハグサ科ネメシア属

庭植え＆鉢植え

■ ロウバイ

花期：12〜2月　落葉中低木

ロウバイ科ロウバイ属

1月の庭仕事

生きもの相手のガーデニングは、タイミングが命です。苗を買うにも種を播くにも、また収穫するにも、適した時期を知ることが成功への第一歩。今年も充実したボタニカルライフを送るために、月ごとの庭仕事を整理して実行しましょう。

a. 庭の家具や構造物の点検
b. ガーデンダイアリーをつけよう
c. バードフィーダーを置いて
　庭で野鳥観察
d. 窓辺の花に注意しよう

a.

庭の家具や構造物の点検

植物が眠りについているこの時期は、テーブルやイス、フェンスなどの構造物を点検しましょう。風雨にさらされ、錆びたり朽ちたりしていないか、一通り見回って、修理をしたり取り替えたり。また、塗装で雰囲気を一新できるのはこの季節がチャンス。塗り替えた色に合わせて植栽プランを立てるのも楽しいものです。

ブルーグレーに塗装して、お色直しした前田満見さんの庭のベンチ。

b.

ガーデンダイアリーをつけよう

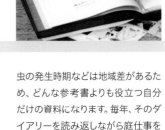

庭や植物専用のダイアリーをつけましょう。いつどんな植物をどこで買って、植え、どんな風に成長したか、また肥料を与えたり、植え替えをしたりした作業日と内容、そして感じたことも書きましょう。植物の生育や病害虫の発生時期などは地域差があるため、どんな参考書よりも役立つ自分だけの資料になります。毎年、そのダイアリーを読み返しながら庭仕事をすると、どんどんガーデニング上手になります。

c.

バードフィーダーを置いて庭で野鳥観察

部屋の窓から見える場所にバードフィーダーを設置すれば、野鳥を驚かすことなく観察できます。庭にやってくるのは、胸にネクタイのような模様があるシジュウカラや、茶褐色の体に白いほっぺのヤマガラ、美しい抹茶色のメジロ、ベージュの体に太いクチバシのシメなど。よく観察していると、平地でも10種類くらいの野鳥を見ることができます。

果物が好物の野鳥

一番人気の果物は、カキ。ヒヨドリ、ヒレンジャク、アカハラ、ツグミ、ウグイス、シジュウカラ、メジロ、スズメ、ムクドリなどが好んで食べます。リンゴやミカンも人気。食べやすいよう半分に切って。

落花生が好物の野鳥

キジバト、シジュウカラ、カワラヒワ、イカル、シメ、スズメなどが好みます。塩味のついていない殻付きを選び、殻の両端を切っておきましょう。

d.

窓辺の花に注意しよう

ランや多肉植物のなかには15℃以下になると成長が停滞し、5℃以下が続くと枯れてしまうものがあります。昼間は日が差して暖かい窓辺も、夜間は10℃を下回ることが。寒さに弱い植物は、窓から離して暖かい位置へ移動させます。ただし、暖房の風が当たる場所は避けて。

〈育てる〉ムスカリ

春を先取りする
ムスカリの水耕栽培

秋植え球根のなかでも小さく、草丈30cmにも満たないコンパクトな姿で咲くムスカリ。初心者でも育てやすく、年明けに植え付ければ庭に植えるよりも一足早く、部屋の中で芽出しから開花まで楽しめます。

ムスカリは、英名でグレープヒヤシンスとも呼ばれ、小さなブドウの房のような愛らしい花も魅力。土の代わりに人工用土（セラミスなど）を使って、水耕栽培で育ててみましょう。

花がまだ開かず、ツクシみたいなつぼみも、下から咲き上がる花穂も可愛い。

育てる

ムスカリの育て方（水耕栽培）

花材／ムスカリの球根（9〜11月に購入を忘れずに）
材料／穴があいていない容器、人工用土（写真中央）、化粧砂（右上/水で固まる砂なら浮いてこず、傾けてもこぼれ落ちない）、ピンセットや小さなスコップ。水分を感知するインジケーター（右下）もあると便利

❶ 球根を買ったら冷蔵保存

球根は紙袋などに入れて冷蔵庫で1カ月ほど保管すると、冬の擬似体験になり芽が出やすくなります。寒い地域なら外に置くだけでOK。年末年始の時間がある時に植え付けて。

❷ 人工用土、球根を順に入れる

容器の中に人工用土を5cmほど入れ、その上に球根の芽が上になるようにそっと置きます。手でうまくできない場合は、ピンセットを使いましょう。

❸ 球根が動かないように化粧砂を入れる

球根が動かないように化粧砂を入れ、人工用土が湿る程度水を入れて完成！ 球根は全体を埋め込むと腐ってしまうので、根元が隠れる程度にするのがポイント。

❹ 植え付け後は 1週間に一度水を足す

1週間に一度、人工用土が完全に乾かない程度に水を足しながら育てます。入れすぎは禁物ですが、ある程度水が多くても元気に育つところが、セラミスなどの人工用土を使った水耕栽培のメリットです。

陽だまりに置いて育てよう

1月上旬に植えて半月で芽を伸ばし始め、早ければ1月下旬には咲き出します。成長スピードがそれぞれ違うアンバランスな感じも可愛い。花が終わったら後始末を（P.127参照）。

品種のバリエーション

定番の紫花、アルメニアカムやラティフォリウムのほか、白、ピンク、ブルーの濃淡など、花色が豊富で、選ぶ楽しみもあります。庭に植えると3〜5月に咲きます。写真左から**アルメニアカム**、**ラティフォリウム**、**ボトリオイデス'アルバ'**、**'ピンクサンライズ'**、**'オーシャンマジック'**。

冬の庭にハボタンの彩り

お正月飾りに定番のハボタン。園芸店でもバリエーションが多く、お客さまを出迎える玄関ポーチや、花が少ない庭に彩りをプラスする植物としてもおすすめです。

丸葉系やちりめん系、切れ葉、メタリックな葉色など、毎年のように新品種が登場。なかでもコンパクトサイズのハボタンは、リース状に仕立てたり、寄せ植えのアクセントに使ったりと、アレンジが利きます。

ハボタンのリース仕立ての育て方ポイント

ハボタンは丈夫なので、ポットから出して植え付けるとき、根の周りの土をかなり取ってしまっても大丈夫。初心者にも扱いやすい植物です。冬は乾きが遅いので、土の容量が少ないリース仕立てでも、根付いたら水やりは控えめに。霜や寒風があまり当たらない場所に置きましょう。

リース仕立ては、ワイヤーや小枝を編んだリング状の器を使用。不織布やヤシマットを敷き、土を入れ、苗を植え付けます。

いろいろな器に植えて楽しみましょう

リースや植木鉢だけでなく、陶器の食器やガラス器など、水抜き穴のない器にも少しの工夫で植え込みができます。コツは根腐れしないよう水やりを控えめにすること。根を水洗いして盆栽用の苔で根をまくと、水やりは控えめでも適度な水分が保て、枯らすことがありません。

庭のオフシーズンは鉢植えで花を飾る

冬から早春は、ハボタンのリース仕立てなどを庭に飾り、この時期限定のポッティングガーデンを楽しむ千葉県の橋本景子さん。「我が家の庭は半日陰が多く、晩秋以降は地植えの植物の多くが休眠して、ひっそり静かです。だからといって花を諦めたくはないので、毎年新品種が登場するハボタンやシクラメン、ビオラなどを鉢植えにして、あちこちに飾っています」

2月

FEBRUARY

スノードロップ、クロッカス、シラーといっ
た球根花を、古い木製の引き出しに集め
て、一足早い春の息吹を感じるアレンジに。

2月のガーデンフラワー

庭植え&鉢植え

■ フクジュソウ

花期：2～3月　多年草

キンポウゲ科フクジュソウ属

庭植え&鉢植え

■ スミレ

花期：2～5月　多年草

スミレ科スミレ属

庭植え

■ ウメ

花期：1～3月　落葉中高木

バラ科アンズ（サクラ）属

庭植え&鉢植え

■ クロッカス

花期：2～4月　多年草（球根）

アヤメ科サフラン（クロッカス）属

庭植え&鉢植え

■ スノードロップ

花期：2～3月　多年草（球根）

ヒガンバナ科マツユキソウ（ガランサス）属

庭植え

■ マンサク

花期：2～3月　落葉低木

マンサク科マンサク属

庭植え&鉢植え

■ プリムラ・ポリアンサ

花期：11～4月　多年草

サクラソウ科サクラソウ（プリムラ）属

庭植え&鉢植え

■ ストック

花期：12～4月　一年草

アブラナ科アラセイトウ（マッティオラ）属

庭植え&鉢植え

■ スイートアリッサム

花期：2～6月、9～12月　一年草

アブラナ科ニワナズナ（ロブラリア）属

2月の庭仕事

　一年で最も寒い時期ですが、ランやクリスマスローズなど冬の花をテーマにしたイベントが各所で開催され、新しい花との出合いが待っています。落葉樹や地中の球根や宿根草は、徐々に成長のスイッチが入る頃。木々の枝先に新芽やつぼみを見つけたら、春は、もうすぐ！

> a. バラの剪定のリミット
> b. 室内で一年草のハーブの種まき
> c. 鉢植えの球根類に水やり
> d. 花が終わった水耕栽培の後始末

b.

室内で一年草のハーブの種まき

チャービルやルッコラ、コリアンダー、ジャーマンカモミール（写真右）など一年草のハーブは、室内の暖かな窓辺で種まきをスタートできます。食用のハーブは、間引きした若葉も美味しく食べられます。

c.

鉢植えの球根類に水やり

鉢植えの球根花は芽が伸び始める頃です。地上部に何も見えないのでうっかり忘れがちですが、1週間に一度は水やりをしましょう。鉢植えの宿根草も同様に。地植えの場合は水やりの必要はありません。

球根花のなかでも早く開花するのは、春の使者、スノードロップ。小さな咲き姿を見逃さないように。

春が待ち遠しくなってきた2月中旬、緑色の芽が伸び出します。

a.

バラの剪定のリミット

関東以西の平地では、バラの剪定のリミットは2月です。シュラブ（半つる性）やブッシュ（木立ち性）の剪定を済ませましょう。開花が望めない弱小枝や枯れ枝は、春以降に病害虫の温床になるので、この時に一緒に切り取っておきます。

d.

花が終わった水耕栽培の後始末

花が終わった水耕栽培の球根は、地植えや鉢植えにして葉が自然に枯れるまで育てると、また来年、花が咲く可能性があります。

〈育てる〉スプラウト

発芽も可愛い！
室内で育つスプラウト

スプラウトとは、穀類や野菜の種を発芽させたものです。カイワレダイコンが有名ですが、ほかにもレッドキャベツやブロッコリー、マスタードなどいろいろな種類があります。季節を選ばず、水と日光だけで育つスプラウトは、初心者にもおすすめ。しかも、美味しいうえに栄養抜群！ 食べるのも楽しみですが、小さな芽がぐんぐん目に見えて大きく育っていく様子を観察するのも、面白いものです。

小さくても栄養たっぷりのスプラウト

窓辺に置いたスプラウト…水しか与えないのに、毎日ぐんぐん育つ様子は目を見張るものがあります。この生育のエネルギーは種が蓄えている栄養によるものですが、私たちにとってもそれを摂取することで健康や美容への効果が期待できます。スプラウトの栄養は少しずつ異なり、カイワレダイコンには葉酸が、レッドキャベツにはβ-カロテン、ビタミンC、ビタミンEなどが、マスタードにもβ-カロテンやカリウムが豊富に含まれています。窓辺で簡単に育つので、コンスタントに食事に取り入れてヘルシーライフに役立てましょう。

スプラウトをたっぷりはさんだサンドイッチ。色もきれいで食欲が増します。具材はチキン、ニンジン、アボカド、スプラウト、チーズ。

スプラウトの育て方

育てる前の準備／容器は皿状でプラスチック製でも陶製でも、水が張れるものであればOK。スポンジかキッチンペーパーを敷いて水をたっぷり張ります。スポンジは厚さ1cm未満のほうが、種が水を吸って発芽しやすいようです。

色や粒のサイズが違う3種のスプラウト

サンゴカイワレダイコン、レッドキャベツ、マスタードの3種類の種を用意しました。種の袋の裏に育て方が書いてあるので、まずそれをよく読みます。種は1袋に35㎖。スーパーで一般的に販売されているスプラウトのパックが10個くらいできそうな量です。1回で全部播いてしまわずに、消費できる量を数回に分けて育てましょう。

❶ 種をまんべんなく播きます。

❷ 霧吹きでたっぷり種に水をかけます。

❸ 新聞紙などで覆って光を遮り、暗いところで発芽させます。

種まきのコツ

種が重ならないように全体に播き、しっとり濡れるまでスプレーで水をかけます。発芽させるには種に十分吸水させる必要があります。マスタードとレッドキャベツは小さいので、スプレーの水でしっとり湿りますが、カイワレダイコンは他と比べて大きいので、一晩水に浸してから播いたほうが発芽しやすくなります。

発芽のコツ

1〜2日で発芽します。それまでは箱の中に入れたり、新聞紙などで覆ったりして遮光しましょう。また、発芽には20〜25℃の温度が必要ですが、種が乾くと発芽しないので、暖房の風が当たらない暖かい場所に置き、スプレーで水やりを。

芽を育てるコツ

発芽後は日光のよく当たる窓辺に置き、水が濁らないよう毎日取り替えましょう。また、水は意外と早くなくなるので水切れに注意。早ければ1週間、遅くても2週間で生え揃い、収穫できます。

発芽後、日光に当てて1日目でググッと伸びたレッドキャベツ。

赤い葉が美しいサンゴカイワレダイコン。葉酸がたっぷり含まれています（写真左）。マスタードもよく茂りました。ピリッと香ばしくて美味しい（写真上）。

〈飾る〉クリスマスローズ

豪華なクリスマスローズのブーケ

クリスマスローズのうつむいて咲く姿は清楚で、ほかの花にはない風情があります。しかし、そっと花を持ち上げて中をのぞくと、そこにはドレスの裾のようなフリフリや繊細なグラデーションカラーなど、驚くような美しさを隠し持っています。庭植えのままではなかなか分からない、そんなクリスマスローズの豊かな表情を、アレンジにして間近に楽しみましょう。

クリスマスローズの育て方ポイント

一年中緑色を保つ常緑性で、2〜3月に花咲く宿根草です。日陰でも育ち、病害虫による被害がほとんどなく、庭植えにして数年すると大株になります。たくさん咲いたらアレンジにして楽しみましょう。多くの苗は、12〜2月頃に園芸店や冬の花のイベントなどで入手できます。苗ごとに花色や形が違うので、花付きの苗から選ぶと失敗がありません。

クリスマスローズのブーケの作り方

❶ 庭で咲きたての花を切って集める

クリスマスローズは色や形が豊富なので、ほかの花を混ぜなくても表情豊かなブーケになります。25本ほど庭から切ってきました。

❷ 花茎を螺旋状に束ねる

茎を一方向に揃えて螺旋状に束ねたものをスパイラルブーケといいます。まとめたら花のすぐ下を麻紐で縛ります。

❸ 色合わせを考えない簡単ブーケ

スパイラルブーケはガラスの花瓶に活けた際、茎のラインが美しく見えます。育てているからこそできる豪華なブーケの完成。

花を長もちさせる「湯あげ」

切り花を長もちさせる方法には、茎を水の中で切る「水切り」がありますが、クリスマスローズの場合は「湯あげ」が効果的です。庭から切ってきたら熱湯を注いだ器に茎の先端をしばらく浸けておきます。その際、蒸気で花が傷まないように、新聞紙で花首を包んでおきましょう。

〈食べる〉スミレ

春が香るスミレの砂糖漬け

春が間近になると、園芸店にはいろいろ苗が並び始めます。なかでも、春の兆しを感じさせてくれるのがスミレ。植え付けた時は小さな苗でも、ひとたび庭に根づけば、こぼれ種で自然に増えて、毎年あちこちで咲くようになります。日本には約60種が自生していますが、よく見かけるのは、濃い紫色のスミレや、白色と淡い紫色のアツバスミレ。雑木林などに咲くタチツボスミレも日本の代表種の一つです。また、香りのよいニオイスミレは、ヨーロッパではハーブとして古くから栽培され、香水や化粧品などに使われてきました。

花は砂糖漬けにして、紅茶やシャンパンに浮かべたり、ケーキやアイスクリームに添えたりして楽しむことができます。

スミレの香り漂う春のお茶会…そろそろ準備を始めませんか。スミレの花言葉は、「小さな幸せ」。待ちわびた春の暮らしに、小さな幸せを咲かせましょう。

スミレの砂糖漬けの作り方

ハプスブルク家最後の皇妃エリザベートが愛したことでも有名な、スミレの花の砂糖漬け。紅茶やホットミルクに浮かべたり、ケーキや焼き菓子に添えたりすると、季節を味わう華やかなティータイムに。来客時のおもてなしとしても喜ばれます。

材料／スミレ、卵白（1個分）、グラニュー糖（適量）

作り方 ❶ 花を洗い、水気を切ります。
❷ 溶いた卵白を刷毛などで花に塗りグラニュー糖をまぶします。全体にパラパラと振りかけると砂糖がまばらになるので、1輪ずつきれいに振りかけて。
❸ バットに並べて冷蔵庫で数日乾かしたら完成。密閉できる瓶や缶に入れて保存します。

スミレの育て方ポイント

スミレのなかでも強健なタチツボスミレとニオイスミレは、地植えにすると、こぼれ種でどんどん増えるので、初心者にもおすすめ。4〜5月に花が咲き始めたら間引きをかねて小さな鉢に植え替えても。そっと土から掘り上げて鉢に移します。表土に苔をのせるとナチュラルな雰囲気に。

小ぶりの器で飾る

指先ほどのスミレの花を切り花で楽しむ時は、食器棚にある小ぶりの器が大活躍。花丈に合ったリキュールグラスや小ぶりのピッチャーを使って花束のように活けるとテーブルフラワーにぴったり。水を張った皿に花を浮かべると、可憐な美しさが際立ちます。庭や道端で目にする野草の風情とは違う、ロマンチックな花姿にうっとり。

食べる

MARCH

3月

季節の話題

ひなまつり

啓蟄

国際女性デー（ミモザの日）

お彼岸

ひばり

山菜採り

卒業式

旬の植物

桃

菜の花

たんぽぽ

ユキヤナギ

モクレン

ミモザ

チューリップやスイセン、空色のワスレナ
グサが一斉に咲き出します。エネルギー
が空気にも満ちて、さあ、春本番です。

庭植え

■ ハナモモ

花期：3〜4月　落葉中高木

バラ科スモモ（サクラ）属

庭植え&鉢植え

■ スノーフレーク

花期：3〜4月　多年草（球根）

ヒガンバナ科スノーフレーク（レウコユム）属

庭植え

■ レンギョウ

花期：3〜4月　落葉低木

モクセイ科レンギョウ属

庭植え&鉢植え

■ ワスレナグサ

花期：3〜6月　一年草

ムラサキ科ワスレナグサ属

庭植え

■ ミモザ

花期：3〜4月　常緑中高木

マメ科アカシア属

庭植え

■ クレマチス・アーマンディー

花期：3〜4月　常緑つる植物

キンポウゲ科センニンソウ（クレマチス）属

庭植え&鉢植え

■ アセビ

花期：2〜4月　常緑低木

ツツジ科アセビ属

庭植え

■ ジンチョウゲ

花期：2〜4月　常緑低木

ジンチョウゲ科ジンチョウゲ属

庭植え&鉢植え

■ ボケ

花期：3〜5月　落葉低木

バラ科ボケ属

3月の庭仕事

冬の間、じっと寒さに耐えていた草花が一斉に芽吹き始めます。日ごと空気が温む3月ですが、急に寒さが戻る日もあるので、草花たちの寒さ対策も油断なく。

そして、暖かくなると昆虫たちも活動を始めます。草花への被害を減らすには、最初が肝心です。

a. 寒の戻りに注意
b. 啓蟄に虫現る
c. 球根花の花殻摘み
d. 観梅シーズン＆梅まつり

a.

寒の戻りに注意

3月は暖かな日と寒い日が交互にやってきます。暖かい日が続いたあと、一時的に急に寒くなることを「寒の戻り」といいます。ちょうどこの頃、多くの植物は芽吹いたばかり。霜に当たると新芽が傷むので、寒くなる予報が出たら室内に取り込むなどの対策をしましょう。

b.

啓蟄に虫現る

毎年3月5～6日頃は「啓蟄（けいちつ）」といい、冬の間に眠っていた虫たちが活動を始める時期とされています。まず最初に出てくる虫といえば、テントウムシ。テントウムシを見つけたら、餌のアブラムシもいると思って、花茎やつぼみ、新芽の先などをよく観察しましょう。アブラムシは爆発的に数が増えるので、少ないうちに駆除しましょう。

c.

球根花の花殻摘み

スイセンやムスカリ、ヒヤシンス、スノーフレークなどが順番に咲いては花期を終え、しおれ始めます。花が咲き終わったら、切り取る手入れを。房咲きの花は、しおれた花だけを切り取り、ヒヤシンスのように1茎に何輪もまとまって咲くものは、地際付近の花茎の根元で切り取ります。

d.

観梅シーズン＆梅まつり

花見といえば桜ですが、その前に日本各地の梅の花が見頃になります。梅まつりも開催されるので、暖かい日を選んで花見に出かけましょう。白梅は特に香りのよいものが多いので、顔を近づけて楽しんでください。

〈育てる〉ミモザ

春を呼ぶ庭木ミモザ

　春らしい鮮やかな黄色い花を咲かせるミモザは、ドライにしても可愛らしい花姿を保つので、リースやスワッグにもぴったりの花木です。

　一般にミモザと呼ばれる植物は多種ありますが、オーストラリア原産のギンヨウアカシア（*Acacia baileyana*）は、名前の通り葉が美しいシルバーグリーンで、花は金平糖のような愛らしさ。マメ科なので、比較的痩せた土地でも育つところも魅力。同じ仲間のフサアカシア（*Acasia dealbata*）よりも、ややコンパクトに育つので、庭木としても扱いやすく人気です。

　ほかに、右ページで紹介している品種も葉の形が個性的で、おすすめのミモザです。

育てる

138

ミモザの育て方ポイント

アカシアの品種の多くは成長が早く、数年で大きくなります。そうすると風や雪で枝が折れたり、夏の蒸し暑さで枯れてしまうことも。成長が早いと木の寿命も短くなりがちなので、剪定で小型に保つようにしましょう。花芽は目には見えませんが、7月頃に枝の先端にできます。剪定は花が終わった直後にしましょう。

神奈川県・横浜では雪をかぶる日も。春降った雪がすぐ溶ける地域なら庭植え可能。

つぼみは12月にはふくらみ始め、開花は2月中旬頃から。庭がまだ寂しい時期に咲くのも魅力です。

庭に咲くミモザで豪華なスワッグを作ろう

オーストラリアに暮らした経験から、帰国後もオージープランツ(オーストラリア原産の植物)を数々育てている、神奈川県の遠藤昭さん。なかでも庭におすすめなのが、ミモザです。「オージープランツは、花店で買うと高価ですが、庭で育てれば花飾りやクラフトなど、贅沢に使えます。我が家では、春はミモザ、秋はユーカリが咲いたら部屋に飾るのが恒例です。季節の変化を教えてくれる花木を、自宅でぜひ育ててみてください」

品種のバリエーション

パールアカシア
丸い銀葉で、比較的耐寒性があります。

三角葉アカシア
三角形の葉が特徴的。

アカシア・プルプレア
新芽が銅葉で、おしゃれな雰囲気です。

〈飾る〉ユキヤナギ

ユキヤナギの春色テーブルリース

　まだ冷え込む日もありますが、春本番はもうすぐそこ。花の盛りを待ちこがれるティータイムには、優しい春色のテーブルリースを飾って彩りを添えましょう。

　庭木としても育てやすく、枝が柔らかく丸めやすいユキヤナギの枝をベースに使った、簡単アレンジです。

　ビオラやスイートピー、ストックのペールカラーの花と、ユキヤナギやアオモジの小花の組み合わせが軽やかで、花談議も弾みそう。

ユキヤナギの育て方ポイント

　2〜4月に、真っ白な花を枝垂れた枝一面に咲かせるユキヤナギ。名前の通り、まるで雪が降り積もったかのような美しい姿が人気の花木です。病害虫の心配が少なく、ガーデニング初心者にもおすすめ。日が当たる風通しのよい場所に植え、剪定は、開花が終わった直後に行うのがポイントです。開花期間は2〜3週間と長く、枝を切って花瓶に活けても1週間ほど楽しめます。

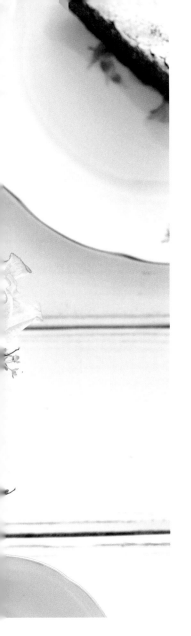

ユキヤナギのリースの作り方

花材／ユキヤナギ1〜2本、アオモジ・スイートピー・ストック各1本、
スイセン・ビオラ・プリムラ各数本
材料／水を張ることができる、少し深さのあるコンポート皿、麻紐やワイヤー

❶ 長めのユキヤナギの枝を1本選び、器の大きさよりも一回り小さめに丸めて、リースのベースを作ります。枝の端は絡めて留めます。絡めにくい場合は麻紐やワイヤーなどで留めます。

❷ ①に、さらにユキヤナギの枝を重ねて絡ませます。

❸ 器に水を張って、②のベースを入れ、アオモジやストックなどをバランスよく挿していきます。

❹ 優しいペールトーンの春らしいテーブルリースの完成！

シンプルなリース

ユキヤナギとアオモジだけでまとめれば、また違った雰囲気に。

植物と暮らす12ヵ月の庭仕事＆楽しみ方カレンダー

4月	5月	6月	7月	8月	9月
▶P.10~11	▶P.24~25	▶P.38~39	▶P.50~51	▶P.62~63	▶P.76~77

雑草取りや花殻摘みなどの手入れ

鉢植えの水やりを忘れずに ／ **水やりは午前中早めに** ／ **水やりを秋仕様に変更**

4月	5月	6月	7月	8月	9月
〈育てる〉 寄せ植えで 季節の花を咲かせよう ▶P.12~15	春咲き球根の手入れ	バラの花後の剪定	ジギタリスや ニゲラの種採取	地植えも水やり	秋バラを咲かせる ための剪定
〈飾る〉 モーブ色の イースターアレンジ ▶P.16~17	〈育てる〉 種から育てる ハーブ ▶P.26~27	クリスマスローズ の花殻摘み	ポピーや ヤグルマギクなどの 後片付け	シャワーで葉水	クリスマスローズの 植え付け＆植え替え
〈食べる〉 八重桜の塩漬けと アレンジレシピ ▶P.18~19	〈飾る〉 ティーカップを使った ローズボウル式アレンジ ▶P.28~29	ハーブの枝透かし	夏野菜の収穫 トマト、ナス、キュウリ ズッキーニ、ゴーヤ	バジルの切り戻し	鉢植えや樹木の 台風対策
	〈食べる〉 庭で咲かせた バラの花ジャム ▶P.30~33	アジサイの剪定		夏の草花の切り戻し ペチュニア、サルビア マリーゴールド	〈育てる〉 高価なスパイス、 サフランを自家採取 ▶P.78~79
		挿し木のチャンス	鉢植えの暑さ対策	猛暑を利用した 古土の再生	
		クレマチスの 花殻摘み＆切り戻し		〈育てる〉 一年草で魅せる 夏の寄せ植え ▶P.64~67	〈飾る〉 ドライフラワーで彩る 透明なジェルキャンドル ▶P.80~81
		ベリー類の収穫 ジューンベリー ブルーベリー ラズベリー サクランボ	ブラックベリー レッドカラント ラズベリー		
春植え球根の植え付け グラジオラス、グロリオサ、カラー、ネリネ		〈育てる〉 猛暑に負けず 咲き続ける夏花8選 ▶P.40~41	〈育てる〉 ハーブの女王 ラベンダー ▶P.52~53	〈飾る〉 育てて飾る アジサイ'アナベル' ▶P.68~69	〈食べる〉 自家採取のフレッシュリーフで 作る絶品バジルペースト ▶P.82~83
夏咲き植物の植え付け ペチュニア、ロベリア、ベロニカ					**来春用の草花の種まき** ワスレナグサ アグロステンマ オルレア、リムナンテス ロベリア
夏の一年草の種まき ジニア マリーゴールド アスター アゲラタム	アサガオ インパチェンス ペチュニア ジニア ニゲラ マリーゴールド	〈作る〉 カモミールを育てて ハーブ染め ▶P.42~43	〈作る〉 安眠作用のある 手作りのラベンダーピロー ▶P.54~55	〈食べる〉 ミントで爽やかに 夏を過ごす ▶P.70~71	**冬野菜の種まき** ダイコン ラディッシュ
夏野菜の種まき トマト ナス キュウリ	ホウレンソウ、コマツナ バジルなどのハーブ類	〈食べる〉 愛でて食して飲んで嬉しい ジューンベリーのジュース ▶P.44~45	〈食べる〉 花の マジックドリンク ▶P.56~57		ハクサイ コマツナ チンゲンサイ カブ スイスチャード ホウレンソウ シュンギク
	夏野菜の定植 トマト ナス キュウリ ズッキーニ ゴーヤ		**まだ間に合う 夏野菜の定植** ナス キュウリ カボチャ		
夏咲く花や 野菜苗の買い時				**秋植えの宿根草＆ 球根＆バラ苗の予約**	**秋植えの宿根草 ＆球根の買い時**

■ 基本的な手入れ ■ 水やりのポイント ■ バラの手入れ ■ 人気植物の手入れ ■ 庭仕事のコツ

毎月行いたい庭仕事のカレンダーです。12カ月の楽しみ方と一緒に、毎月チェックしましょう。

10月	11月	12月	1月	2月	3月
▶P.88~89	▶P.100~101	▶P.111	▶P.119	▶P.127	▶P.137

宿根草などの枯れ葉除去＆株分け＆移植
ギボウシ、フウチソウ、ルドベキア、シュウメイギク

水耕栽培の後始末　　球根花の花殻摘み

落ち葉の掃除　　　鉢植えの球根類や宿根草に水やりを忘れずに

秋バラ開花シーズン

ローズヒップの収穫　バラの剪定＆誘引（地植えは1月中）　バラの剪定リミット

バラの植え付け＆植え替え（年内が理想）

柑橘類など果実の収穫　　コニファー類の剪定　　ガーデンダイアリーをつけよう！　　観梅シーズン
レモン、ユズの仲間、イチジク、カキ

青いトマトをヌカ漬けにする　　土作り　　　窓辺の花に注意　　〈育てる〉発芽も可愛い！室内で育つスプラウト ▶P.128~129　　寒の戻りに注意

シソの実の塩漬けを作る　　防寒対策　　庭の家具や構造物の点検　　アブラムシなど害虫に注意

〈育てる〉おうちでベリーを育てよう！ ▶P.90~93
〈育てる〉ビオラ＆パンジーのバスケット植え ▶P.102~103
庭やベランダをライトアップ
バードフィーダーを置いて野鳥観察
〈飾る〉豪華なクリスマスローズのブーケ ▶P.130~131

〈食べる〉赤い宝石ザクロの濃厚シロップ ▶P.94~95
〈飾る〉ワインと花の寄せ植えギフト ▶P.104~105
〈育てる〉春待つ冬の寄せ植え作り ▶P.112~113
〈育てる〉春を先取りするムスカリの水耕栽培 ▶P.120~121
〈食べる〉春が香るスミレの砂糖漬け ▶P.132~133
〈育てる〉春を呼ぶ庭木ミモザ ▶P.138~139

ペチュニア、ニゲラ、カンパニュラ、ジギタリス

〈食べる〉バラの恵みで体をいたわる ▶P.106~107
〈飾る〉フレッシュグリーンのツリー風アレンジ ▶P.114~115
〈飾る〉冬の庭にハボタンの彩り ▶P.122~123
〈飾る〉ユキヤナギの春色テーブルリース ▶P.140~141

ビーツ、リーフレタス、ハーブ類

秋植え球根の植え付け
チューリップ、スイセン、ヒヤシンス、ムスカリ

室内で一年草のハーブの種まき
チャービル、ルッコラ、コリアンダー、カモミール

果樹の植え付け

冬咲く花苗の買い時　**冬咲く花苗の買い時**

秋植えの宿根草＆球根の買い時　**バラ苗の買い時**

■ 種まきや植え付けにおすすめの時期　■ 苗や球根などの購入時期

ガーデンストーリー

Webメディア『ガーデンストーリー』は、植物の
ある心豊かな暮らしを提案するサイト。さまざま
な種類の植物の育て方や新品種情報をはじめ、
ガーデニングハウツー、庭&エクステリアのア
イデアや事例、読者の庭紹介、日本全国の観
光ガーデンや花の名所情報、ハーブや果実を
使ったレシピなど、業界の専門家が監修した
多彩なガーデニングのコンテンツを毎日配信中。

https://gardenstory.jp

上記URLまたは左のQRコードからも
アクセスできます。

『ガーデンストーリークラブ』では、庭作りや植
物の育て方のヒントを共有し合ったり、オンライ
ンサロンでガーデニング情報を得たり…。さら
には、毎月特典が届くなど、花ファン・庭ファン
が集うコミュニティー。ただいま、会員募集中！

花や実を育てる飾る食べる
植物と暮らす12カ月の楽しみ方

2021年3月19日　初版発行
2022年4月30日　8版発行

著　者　ガーデンストーリー
発行者　青柳昌行
発　行　株式会社KADOKAWA
　　　　〒102-8177 東京都千代田区富士見2-13-3
　　　　TEL 0570・002・301（ナビダイヤル）

印刷所　大日本印刷株式会社

●お問い合わせ
https://www.kadokawa.co.jp/
（「お問い合わせ」へお進みください）
＊内容によっては、お答えできない場合があります。
＊サポートは日本国内のみとさせていただきます。
＊Japanese text only